MUSEU NACIONAL
[TODAS AS VOZES DO FOGO]

MUSEU NACIONAL
[TODAS AS VOZES DO FOGO]

Vinicius Calderoni

Sumário

Um museu que se move,
por Vinicius Calderoni   9

MUSEU NACIONAL
[TODAS AS VOZES DO FOGO]   13

Uma voz depois do fogo,
por Cristiana Silveira Serejo   137

Agradecimentos   143

Para Aderbal Freire-Filho

Um museu que se move

Ainda é difícil descrever o que senti ao assistir, pela televisão, às imagens do Museu Nacional da Quinta da Boa Vista em chamas na noite de um domingo, 2 de setembro de 2018. A tristeza não vinha da memória afetiva: paulistano, nunca havia estado nesse edifício emblemático da paisagem carioca. Não era, tampouco, o conhecimento do acervo: àquela altura, pensava que se estavam queimando obras de arte, sem saber que se tratava de um Museu de História Natural, Ciências e Antropologia. Não era, definitivamente, nenhum tipo de dor que se pudesse expressar verbalmente, e, naquele instante, como tantos e tantas, apenas assisti, impotente, ao desenrolar dos fatos e ao espalhamento do fogo. Só depois de quatro anos desse acontecimento ter se consumado e depois de erguermos coletivamente este *Museu Nacional [Todas as vozes do fogo]* sinto que consigo formular uma hipótese para descrever o que naquele instante era apenas intuído.

Voltando ao ano de 2018, vivíamos os últimos meses de gestão de um presidente que ascendeu ao poder através de um golpe parlamentar (responsável, entre outras coisas, pela extinção do Ministério da Cultura) e estávamos a pouco mais de um mês de uma eleição presidencial que nos lançaria em um dos momentos mais trágicos de nossa história republicana (quatro anos de institucionalização de barbárie e de violência do Estado, período no qual esta peça que você tem em mãos foi criada e encenada). O Museu Nacional em chamas era, nesse contexto, uma imagem emblemática que traduzia à perfeição aquele estado de coisas que se instaurava: o descaso pelo patrimônio, o desprezo ao passado, a devastação naturalizada, o desastre como norma. Era, para que não restassem dúvidas, a imagem mais bem-acabada do país que havíamos nos tornado.

O país que havíamos nos tornado ou que sempre fomos? A expressão "museu nacional" traz embutida a carga metafórica de um espaço/espelho que reflete a história do Brasil — e, portanto, fala inescapavelmente da escravidão, do genocídio dos povos originários, dos pactos oligárquicos deletérios e da vasta e perversa tradição de perpetuamento de injustiças estruturais, mas, ao mesmo tempo, da potência do que podemos produzir coletivamente, na arte, na cultura, através da força da solidariedade, da capacidade de reinvenção e da força do patrimônio imaterial que é a riqueza de nosso povo. Horrores e maravilhas em abundância.

Museu Nacional [Todas as vozes do fogo] é uma tentativa de se debruçar sobre um assunto que tangencia o impossível: que história contar de um lugar que, em si mesmo, conta todas as histórias, sendo um imenso armário do mundo? Ou ainda: como falar de um museu, cuja iconografia sugere a imobilidade de um edifício, no teatro, que é a pura afirmação do movimento?

É uma homenagem ao Museu e aos seus pesquisadores, funcionários, servidores e frequentadores. É um delírio imaginativo sobre a transversalidade do tempo. É um exercício de recontar a História recontando histórias, mudando pontos de vista, desvelando contranarrativas. É um inventário de perdas dos itens extintos com o fogo e de múltiplas chances de sermos melhores como país. É um aceno lírico, um chacoalhão satírico e paródico, é isso tudo sem perder o realismo, e a realidade, de vista. E é, ora veja, um musical: além do texto, *Museu Nacional [Todas as vozes do fogo]* se conta através de pouco mais de 15 canções inéditas compostas para o espetáculo — e aqui as canções não são ilustrações cosméticas, mas sim a própria narrativa avançando.

É tudo isso e foi, além de tudo, uma aposta apaixonada num ideário de reconstrução possível. Evidentemente, para que isso fosse viável, era preciso que o presidente incumbente, cujo nome não deve ser dito, fosse democraticamente ejetado de sua cadeira: caso reconduzido, qualquer noção de reconstrução seria inatingível — continuaríamos sendo, em escala industrial e planetária, um polo exportador de desgraças, tecnologia de ponta na fabricação de escombros. Este texto foi escrito sob a égide da incerteza, mas com a tinta da coragem — fiadora da esperança.

O teatro é a reafirmação do melhor que podemos ser quando estamos juntos. Depois de um longo inverno em que a ameaça recorrente da peste nos afastou a possibilidade dos rituais coletivos no cotidiano, a existência da peça *Museu Nacional [Todas as vozes do fogo]*, e, agora, deste livro, é um reencontro fértil para pensarmos juntos este lugar em que vivemos e insistimos em chamar de país. É mais do que apagar o incêndio: é revisitar o passado para compreendermos e pactuarmos, no agora, qual futuro pretendemos compartilhar. É muita coisa. Que seja proveitosa a leitura.

Vinicius Calderoni

MUSEU NACIONAL
[TODAS AS VOZES DO FOGO]

de Vinicius Calderoni

Museu Nacional [Todas as vozes do fogo] estreou em 14 de outubro de 2022, no Sesc Vila Mariana, em São Paulo

Texto e direção
Vinicius Calderoni

Elenco
Companhia Barca dos Corações Partidos — Adrén Alves, Alfredo Del-Penho, Beto Lemos, Eduardo Rios e Ricca Barros
Artistas convidados — Adassa Martins, Aline Gonçalves, Ana Carbatti, Felipe Frazão, Lucas dos Prazeres, Luiza Loroza e Rosa Peixoto

Direção musical
Alfredo Del-Penho e Beto Lemos

Música original
Adrén Alves, Alfredo Del-Penho, Beto Lemos, Lucas dos Prazeres, Ricca Barros, Rosa Peixoto e Vinicius Calderoni

Direção de produção e idealização
Andréa Alves

Direção de movimento e coreografia
Fabricio Licursi

Cenografia
André Cortez

Figurino
Kika Lopes e Rocio Moure

Iluminação
Wagner Antônio

Desenho de som
André Breda e Gabriel D'Angelo

Assistência de direção
Letícia Medella

Pesquisa dramatúrgica
Luísa Valentini

Intervenção dramatúrgica
Aza Njeri

Texto da cena "Museu do futuro"
Ana Carbatti
Luiza Loroza

Coordenação de produção
Rafael Lydio

Realização
Sarau Agência de Cultura Brasileira

ABERTURA

Um pequeno foco de luz ilumina o rosto de uma atriz indígena. Ela canta a primeira estrofe em sua língua materna e, depois, o mesmo texto vertido para o português.

Antes da história[1]

ELA:
Níípeti-ná dïpo'ró
Mãrí wakúsé wa'ató
Mãrí u'kusé
Mãrí ya'a-teró

Nï'kâroakâ bùapū
A'té kí'íti'ré
Dïpo'ró pü'ré
Nï'kâroakâ nikâ to'ó

---

1. Música: "Antes da história", de Alfredo Del-Penho e Vinicius Calderoni.

Antes de qualquer coisa
Evocar a memória
Da voz dos povos
Da vez dos povos
Brilhos que iluminam

Antes da história
Já tinha história [*pausa*]
[*falado*] Agora pode começar

Acordes introdutórios intensos. O elenco emerge com a força e a fúria de seus corpos — não precisam de nada além disso. Sobre a base musical, um dos atores fala as estrofes de um poema. Ao fundo, atrás dos intérpretes, uma imensa escultura de pedra, gigantesco meteorito, ancorada no chão.

Todo ato que existe, antes de ser, foi véspera
Tudo que há, antes de ser fato consumado,
Foi iminência, beira, quase, esteve prestes
Da Via Láctea até o leite derramado

A trajetória da bola um instante antes do gol
A expectativa do som antes do ataque do atabaque
O anúncio da chegada de um orgasmo em um *frisson*
A aterrissagem do avião se aproximando ao fim da tarde

Agora pensem que existe um edifício primordial
Agora pensem que ele abriga um patrimônio colossal
Agora deixem de pensar e acreditem: é real
Agora já sabem que eu falo do nosso Museu Nacional

Imaginem o edifício, calmaria de um domingo
Ainda mais em um horário em que o Museu está fechado
Todo silêncio que há lá dentro, nos salões, no auditório
De onde emerge uma faísca vinda do ar-condicionado

A mesma base musical, antes cama do poema, agora vira trampolim para a canção, cantada por todo o elenco em coro.

Pedra fundamental[2]

CORO:
Pedra pedro perda
Gente planta bicho pó
Sempre logo nunca às vezes já
Tempo tempo tempo
Ontem hoje amanhã
Construção ruína deus-dará
Pedra sobre pedra sobre pedra
Sobre chão
Fundação nação porão quintal
Perda sobre perda sobre perda
Eis a questão
Que atravessa a história em transversal

Dia chama noite
Vento chama temporal
Saga chama drama
E mais afã

---

2. Música: "Pedra fundamental", de Alfredo Del-Penho e Vinicius Calderoni.

Chaga chama cura
Alma chama expansão
Canto chama dança
E traz elã

Fogo chama fogo
Chama a hora de dizer
Para o mundo que eu quero descer

Gente chama gente
Chama gente só pra ver
Tudo que essa gente pode ser

Ver pra crer
Crer pra viver
Que o melhor
Pode vir

Ver pra crer
Crer pra viver
Que a dor
Transformou

Ver pra crer
Crer pra viver
Que outra flor
Vai se abrir

Ver pra crer
Crer pra viver
Que o Museu
Outra vez

*Sobre a base musical e um improviso vocal de alguns atores, fala-
-se o fim do poema.*

De todas as medidas, tentativas e esforços
Restou a impotência de ver televisionado
O incêndio ingovernável, a tragédia anunciada,
Em rede nacional: cartão-postal do abandono

As lágrimas amargas derramadas frente ao fogo
Não foram suficientes pra apagá-lo, isto é lógico
Mas aquelas mais afoitas que atingiram em cheio o solo
Serviram pra adubá-lo e pra semear o novo

Breque. A música para.

Porque isto é teatro e o teatro é um resgate
Um ato de justiça praticado no presente
Então juntem-se a nós na iminência do milagre
Porque de agora em diante verão que o Museu se move

Emerge Luzia. E canta.

Ato 1

Remanifesto[3]

LUZIA:
Que hoje o museu se torne um ato
Que os objetos virem gestos
Pois mesmo em tempos indigestos
Está em disputa o passado

Que é uma batalha permanente
Trazer à tona o recalcado
Redesenhar velhos traçados
Todo passado está presente

Luzia fala diretamente ao público.

LUZIA:
Se não me apresentei, eu sou Luzia. Sou o fóssil mais antigo já encontrado na América do Sul. Um fóssil, vejam bem, é só um estágio possível de um ser. Só é fóssil quem viveu, de modo que quando eu cheguei aqui, há uns 12.000 anos, tudo isso era mato. Eu andei pra que vocês pudessem correr, então não é nenhum exagero dizer que vocês são uma decorrência minha. Meus descendentes. O povo de Luzia. Pensem em mim como um fóssil do passado falando, no presente, a vocês: os fósseis do futuro.

---

3. Música: "Remanifesto", de Alfredo Del-Penho e Vinicius Calderoni.

A música come solta. Quando a dinâmica se reduz, Luzia volta a falar para o público, num aparte.

LUZIA:
Tudo precisa começar de algum lugar, acharam bom que fosse por mim, que fui a primeira a chegar. Ao menos a primeira de que se tem registro. Por alguma questão, nós, humanos, só conseguimos imaginar o abstrato a partir do concreto. Coisa nossa. Pois bem: meu esqueleto ficou exposto por muitos anos no Museu Nacional da Quinta da Boa Vista, e foi assim que eu ganhei carne de personagem e dever de anfitriã.

Luzia volta a cantar.

LUZIA:
O inanimado ganha vida:
Quanta história adormecida
Se esconde atrás das filigranas?

Já deixe seu desdém de lado:
No item mais inesperado
Repousa a condição humana

Luzia retoma a fala para o público.

LUZIA:
Minha função é ser uma espécie de guia de um museu impossível. Impossível porque está em ruínas. Impossível porque está em reconstrução. A anfitriã de um edifício impossibilitado pelo fogo. Fogo entendido como um conjunto de circunstâncias que

o ocasiona. Fogo entendido como a soma de fatores químicos que o espalha. Fogo entendido como fogo. Como guia que sou, *que estou*, o que tenho a oferecer é isto: um percurso. É assim que esta convocação se encerra e que se inicia nosso trajeto através do Museu.

Surge o Coro Grego.

CORO GREGO:
Do grego, *Mouseion*: "Casa das Musas".

ORIGENS

LUZIA:
Como a origem da palavra é grega, convoquei este pequeno coro que estava desempregado após o fim da temporada de uma montagem de *Édipo Rei*.

CORO GREGO:
As Musas eram entidades, filhas de Zeus, deus dos deuses, com Mnemosine, a deusa da memória.

LUZIA:
Fofos, né?

CORO GREGO:
O *Mouseion* era, ao mesmo tempo, um templo e uma instituição ligada à pesquisa e ao saber.

LUZIA:
Não reparem, eles são meio formais.

CORO GREGO:
Era lá que se guardavam objetos oferecidos às divindades.

LUIZA:
Bem formais!

CORO GREGO:
Desde então, todo espaço que reúne objetos para resgatar um acontecimento histórico ou algum tipo de saber passou a se chamar *Museu*.

LUZIA:
Mais alguma coisa?

CORO GREGO:
Disseram que haveria lanche, mas não estava no camarim.

LUZIA:
Vou ver o que posso fazer. Podem ir, obrigada.

CORO GREGO:
Não tem de quê. Com licença. Obrigado. De nada.

O Coro sai.

LUZIA:
A partir daí...

Édipo, cego, atravessa o palco tateando no vazio.

ÉDIPO:
Gente, cadê vocês? Será que alguém pode me ajudar?

LUZIA:
Pobre Édipo. [*Luzia vai conduzindo Édipo até o lugar por onde o Coro saiu, enquanto retoma a palavra*] Qualquer edifício que se preste a acumular saberes e itens relacionados a determinada área de interesse pode se nomear *Museu*. Mas o Museu Nacional não se enquadra em apenas uma categoria...

— Museu histórico?

LUZIA:
Sim.

— De história natural?

LUZIA:
Sem dúvida.

— Museu de ciência?

LUZIA:
Certamente.

— Etnográfico?

LUZIA:
Lógico.

— Museu de arte?

LUZIA:
Isso não. Mas o resto, sim. A um só tempo, aquilo tudo. A um só tempo, todos os tempos. Se todo museu é uma espécie de armário do mundo, o Museu Nacional é um dos grandes. Tantos departamentos e seções e áreas que, pra azeitar tudo, é preciso uma engrenagem humana bem complexa.

O ECOSSISTEMA

LUZIA:
Muitos setores, muitos saberes, muita gente circulando pelos corredores, pelos jardins, pelos arredores.
Pra quem olha de longe, museu é velharia, coisas mortas, imobilidade.
Pra quem vive de dentro, é movimento, gente viva e novidade.
Pensem no tempo em que o Museu estava funcionando.
Escolham um dia qualquer.
Sem nenhum grande evento.
Sem nenhum outro acontecimento que não fosse cada pessoa ali dentro se movendo em direção a um intento, a um propósito, a um sentimento.
Cada pessoa em sua função, em sua missão, em seu fundamento.
Cada vivente em seu trajeto, em seu projeto, em seu andamento.
E verão que mesmo um dia sem qualquer encanto ainda é um dia muito intenso.
Por exemplo:

PROFESSOR:
Um professor da pós-graduação de antropologia conversando com uma aluna pelos corredores e defendendo uma opinião sobre algum assunto que falou na sala de aula.

ALUNA:
A aluna que caminha ao lado do professor discordando fortemente da opinião dele e formulando a sua própria, gesticulando muito e esbarrando em alguém que passa.

GUIA:
Um guia do Educativo muito carismático que leva um esbarrão, mas nem se abala na sua função de conduzir um grupo de crianças do Ensino Fundamental que veio conhecer o Museu.

CRIANÇA 1:
Uma das crianças desse grupo que tá, tipo, muito empolgada, achando tudo mó doideira.

CRIANÇA 2:
Outra criança que aproveita cada vez que o guia olha pra frente pra ficar zoando os amiguinhos, depois, quando ele olha de novo, faz cara de anjo.

CRIANÇA 3:
Uma outra criança que se perde dos colegas porque não consegue parar de olhar pra um esqueleto de dinossauro.

FUNCIONÁRIO DA LIMPEZA:
Um funcionário da limpeza do Museu que ajuda essa criança a achar os colegas, depois sobe para a área dos laboratórios e se assusta com duas pessoas trabalhando numa sala que ele foi encarregado de limpar.

ORIENTANDO:
Um aluno de mestrado em biologia que avisa ao funcionário que daqui a pouco eles vão liberar a sala, e volta a falar com a sua orientadora sobre a pesquisa dele acerca dos padrões reprodutivos de uma espécie de inseto que só existe nas matas ciliares do Pantanal.

ORIENTADORA:
A orientadora que incentiva seu aluno contando uma dificuldade que viveu na sua pesquisa sobre as transformações vividas pelas moscas-varejeiras no âmbito do crescimento urbano desenfreado, mas que precisa sair da sala pra atender a uma ligação telefônica importante.

DIRETORA:
Uma diretora do Museu que está dando uma declaração para um repórter de TV, mas perde a concentração porque começa a escutar o que a professora que está ali perto falando no celular diz, então começa de novo, reproduzindo o mesmo tom de empolgação de antes, quase como se fosse uma atriz.

JORNALISTA:
O jornalista que colhe a declaração da diretora que não está lá muito empolgado com a pauta, com seu pensamento que vaga para outros assuntos, como aquilo que precisa comprar no supermercado ou o lugar para onde gostaria de ir nas próximas férias, enquanto faz cara de quem se interessa muito pelo que a diretora diz.

FOTÓGRAFO:
Um fotógrafo do Museu cuja incumbência é registrar os acervos, mas que ama tanto aquele lugar que, mesmo quando está

sem função, fica andando por ali fazendo fotos das pessoas que encontra, como por exemplo...

BIBLIOTECÁRIA:
... A bibliotecária, pedindo silêncio às pessoas que fazem barulho embaixo da janela dela.

PESSOA 1 DO GRUPO:
Um grupinho de funcionários...

PESSOA 2 DO GRUPO:
... Fumando e rindo...

PESSOA 3 DO GRUPO:
... Depois do almoço...

PESSOA 4 DO GRUPO:
... No jardim em frente ao edifício.

VIGIA:
Um vigia que trabalha no Museu há uns cinquenta anos botando ração para gato numa vasilha.

GATA:
Uma gata preta que nem liga pra comida porque está no meio do seu banho.

RESTAURADOR:
Um restaurador de obras de arte que lixa uma pequena estatueta.

ANTROPÓLOGA:
Uma antropóloga lentamente pincelando um osso envolto em terra.

MUSEÓLOGA:
Uma museóloga que posiciona um item em uma sala de exposição.

FOTÓGRAFO:
E o fotógrafo pensa que se cada imagem que fez ao longo daquele dia, de cada pessoa, exercendo cada função, pudesse ter um som, a soma de todos os sons seria como uma sinfonia de um dia no Museu.

Sons de atividades cotidianas feitos pelos atores se somam, formando uma peça percussiva.

FOTÓGRAFO:
E a sinfonia dos sons desse dia contaria a história de um lugar cheio de gente apaixonada por aquilo que faz e que não trocaria aquele lugar por nenhum outro no mundo.

Soam os acordes introdutórios da canção. O Fotógrafo canta.

Ênfase[4]

FOTÓGRAFO:
Nada é mais bonito do que ver
Alguém que ama o próprio ofício
Nada é mais propício do que isso
Para se viver em paz

Tem quem se emprega pra ganhar a vida
E tem quem ganha a vida ao se empregar
E ganha mais que isso: um sentido de ir e vir, estar e ser
Uma razão pra despertar

Nada dá mais força do que ser
Alguém que faz o que acredita
A barbárie em volta bem que tenta
Mas não pode nos parar

Quem passa a vida a reclamar da sorte
Não vê que sorte tem ao reclamar
Que tudo poderá ser transformado
Num estado transitório permanentemente está

A asa do mosquito
Para quem estuda o assunto
É tão sagrada quanto o teto
Da mais velha catedral

Um mínimo detalhe
Para quem se importa muito
Embora seja bem concreto
Também é transcendental

---

4. Música: "Ênfase", de Vinicius Calderoni.

O tesão do artesão de esculpir o grão
É a maravilha
A palavra que se jogou fora em boa mão
Vira poesia

Luzia volta à cena, cantando o fim da canção.

LUZIA:
Nada é mais bonito do que ver alguém que faz o que acredita
Nada dá mais força do que ser alguém que ama o próprio ofício

A base musical segue, Luzia continua apresentando personagens do ecossistema do Museu.

LUZIA:
Toda essa gente e muito mais. Um arquivista organizando pastas com documentos do século XIX. Um aluno de iniciação científica olhando uma lâmina no microscópio. Três senhorinhas que vieram de longe achando que iam encontrar um museu com pinturas e esculturas. Uma funcionária...

ELISA:
Prazer, Elisa.

LUZIA:
... Apresentando as salas para outro funcionário recém-contratado...

ÂNDERSON:
Ânderson, prazer.

LUZIA:
... No início do ano de 2018 — depois de Cristo.

EQUIVALÊNCIAS

Eles se cumprimentam.

ELISA:
Você já tinha vindo aqui?

ÂNDERSON:
Só uma vez, visitando com a escola.

ELISA:
É muito diferente do que você lembrava?

ÂNDERSON:
Nem sei... Quando a gente é criança, tudo parece sempre maior.

ELISA:
E aqui já não é exatamente muito acanhado.

ÂNDERSON:
Não mesmo. Sensação de que vou demorar um ano só pra saber onde eu tô.

ELISA:
Nada. Em uma semana você já vai saber tudo de cor. Aqui, por exemplo, é a sala de conchas, corais e borboletas.

DIRETOR:
Esta é nossa sala de mineralogia, e gostaria de chamar a atenção para a variedade de itens.

LUZIA:
Em 1925, um diretor apresenta o museu a um cientista supostamente ilustre de nome Albert Einstein.

DIRETOR:
Este mineral raríssimo se chama calcedônia da Sibéria, tem centenas de milhões de anos de vida na Terra. O que acha?

ALBERT EINSTEIN:
Considerando o tempo que esta pedra existe e tudo que já viu, pouco importa o que eu penso dela e sim o que ela pensa de mim.

ELISA:
Esta é a sala de botânica.

DIRETOR:
Eis a nossa sala de paleontologia.

ELISA:
Sala de arqueologia brasileira.

DIRETOR:
Sala de meteorítica.

Diretor e Albert Einstein ficam um ao lado do outro, em posição espelhada à de Elisa e Ânderson, todos olhando para um mesmo ponto.

DIRETOR:
Esta é a sala de entomologia.

ÂNDERSON:
Uau!

ELISA:
É louco pensar que alguns insetos expostos aqui para a posteridade não vivem mais que poucos dias.

ALBERT EINSTEIN:
Insetos não me entusiasmam.

LUZIA:
Muitos anos antes, em 1843, um empregado conduz a Imperatriz Teresa Cristina, recém-chegada da Sicília, pelo Palácio de São Cristóvão, sua nova casa.

Todas as personagens, nas diferentes camadas de tempo, se juntam em uma mesma linha, de frente para a plateia.

EMPREGADO:
Esta é a sala de refeições, Imperatriz.

DIRETOR:
Sala de antropologia brasileira.

EMPREGADO:
Estes são seus aposentos.

ELISA:
Aqui ficam as salas de aula.

EMPREGADO:
Aqui, a Imperatriz verá a biblioteca.

ELISA:
Nossa biblioteca.

DIRETOR:
A biblioteca.

LUZIA:
Pessoas apresentam lugares a outras pessoas desde sempre, e seria bom se fossem capazes de dizer algo além do que já se vê.

ELISA:
Nesta sala você vai se apaixonar por alguém.

DIRETOR:
Aqui você vai ter uma ideia revolucionária.

EMPREGADO:
Aqui você vai sentir saudade de sua antiga casa.

LUZIA:
Talvez porque, às vezes, quando alguém nos mostra um lugar, nos sentimos menos à deriva num universo indiferente. Faz quase parecer que estamos em casa. E casa é onde não sentimos medo.

Luz em Sheila.

SHEILA:
Quando entrei aqui eu sentia medo, mas hoje me sinto em casa.

LUZIA:
Pode nos dizer seu nome e função?

SHEILA:
Sheila, chefe da Seção de Assistência ao Ensino.

AVATARES

ROQUETTE-PINTO:
Seção criada na minha gestão como diretor.

LUZIA:
O que você tem feito, seu Roquette-Pinto?

ROQUETTE-PINTO:
Atualmente estou morto.

LUZIA:
Somos dois.

SHEILA:
Você nem deve desconfiar, mas mudou a minha vida.

ROQUETTE-PINTO:
E a sua existência dignifica a minha trajetória.

BERTHA LUTZ:
O propósito da minha trajetória é corrigir essa deformação, afinal...

LUZIA:
Doutora Bertha Lutz, uma das maiores cientistas do Brasil...

BERTHA LUTZ:
... Recusar à mulher a igualdade de direitos em virtude do sexo...

LUZIA:
... Pioneira do movimento sufragista e uma das autoras da carta de fundação da ONU...

BERTHA LUTZ:
... É denegar justiça à metade da população.

LUZIA:
... Diretora da Seção de Botânica do Museu Nacional.

BERTHA LUTZ:
Os processos de real transformação são longos...

SANDRA BENITES:
Meu nome é Sandra Benites.

BERTHA LUTZ:
... Por isso é tão urgente que comecem depressa.

SANDRA BENITES:
Sou pesquisadora, ativista, educadora, curadora e mãe.

BERTHA LUTZ:
Se pegamos a muda de uma árvore frutífera...

SANDRA BENITES:
Descendo do povo Guarani Nhandewa.

BERTHA LUTZ:
... E queremos que frutifique dentro de dez anos...

SANDRA BENITES:
Entrei no mestrado no Museu Nacional em 2015.

BERTHA LUTZ:
... O plantio tem de ser feito agora.

SANDRA BENITES:
Defendi em 2018 minha dissertação em antropologia cujo título é...

BERTHA LUTZ:
Tem de ser feito agora.

SANDRA BENITES:
... *Viver na língua Guarani Nhandewa (mulher falando).*

BERTHA LUTZ:
E talvez seja estranho nesta tribuna, mas acho bom que se acostumem a essa ideia de uma mulher falando.

LUZIA:
Mulher falando.

SANDRA BENITES:
Mulher falando.

SHEILA:
Mulher falando.

IMPERATRIZ LEOPOLDINA:
O que posso dizer é que só aceitei ser princesa de um país a milhares de quilômetros de minha pátria porque foi a maneira que encontrei de estudar a fundo as ciências naturais.

LUZIA:
Leopoldina Carolina Josefa.

IMPERATRIZ LEOPOLDINA:
No pouco que vivi, essa foi a maior alegria que tive.

LUZIA:
A Imperatriz Leopoldina.

IMPERATRIZ LEOPOLDINA:
Fundar este museu, que hoje ocupa o mesmo palácio onde morei e onde morri.

SANDRA BENITES:
Estar num edifício que foi a afirmação plena da lógica colonial que massacrou e escravizou os povos originários e os povos de África é viver com um nó na garganta.

PROFESSOR:
Quando cheguei pra trabalhar aqui, não conseguia parar de pensar na carga simbólica deste lugar: aqui a história do Brasil se inscreve inapelavelmente...

LUZIA:
Um professor titular da pós-graduação do Museu Nacional que preferiu não ser identificado...

PROFESSOR:
... E quando eu digo História do Brasil, evidentemente tem muito de violência e brutalidade...

SANDRA BENITES:
Mas estar neste espaço que foi negado ao meu povo é, de alguma maneira, fazer uma nova história.

PROFESSOR:
História não só do Império, mas também da República.

PRESIDENTE DA ASSEMBLEIA:
Os alvissareiros auspícios da nova pátria se fazem presentes na abertura desta sessão solene...

LUZIA:
Eis o presidente da Assembleia Constituinte da República, em 1890.

PRESIDENTE DA ASSEMBLEIA:
... E que, assim, as ferrugens do atraso que carcomiam as engrenagens de nosso sistema político deem passagem a esta nova República vibrante...

PROFESSOR:
O palácio, símbolo do Império, sendo palco da cerimônia oficial do golpe que destitui o Império...

LUZIA:
Só depois da República que o Museu Nacional se instala na Quinta da Boa Vista.

PROFESSOR:
... Parece ironia, mas é o teatro do poder em toda sua opulência.

LUZIA:
E lentamente, com o tempo, o Museu vai se tornando...

SHEILA:
Um espaço fértil de trocas.

ROQUETTE-PINTO:
Uma instituição de imbatível vocação educacional.

BERTHA LUTZ:
Um polo de excelência científica.

PROFESSOR:
Um ponto de encontro para pensar o país.

SANDRA BENITES:
Um território em disputa.

LUZIA:
Isso tudo. Mas também vai ganhando sua configuração de seções atual, sobre a qual eu não vou entrar em detalhes, pra não ser excessivamente didática e evitar o tédio.

Luzia percebe que está, subitamente, cercada por todos os lados. Irrompe a canção, meio opereta.

O museu — A canção[5]

CHEFE ARQUEOLOGIA:
Não é bem assim

CHEFE GEOLOGIA:
Cara Luzia

CHEFE BOTÂNICA:
Isso é um engano

CHEFE INVERTEBRADOS:
Talvez pareça

CHEFE VERTEBRADOS:
Peculiar

CHEFE ENTOMOLOGIA:
Nossa estratégia

CHEFE ANTROPOLOGIA:
Esqueça palestras

CHEFE ETNOLOGIA:
Aulas magnas

---

5. Música: "O Museu — A canção", de Alfredo Del-Penho e Vinicius Calderoni.

CHEFE CENTRO DE DOCUMENTAÇÃO DE LÍNGUAS INDÍGENAS (CELIN):
Ou colóquios

CHEFE MUSEOLOGIA:
Esta canção

CHEFE SETOR DE ASSISTÊNCIA AO ENSINO (SAE):
Será a nossa

CHEFE ARQUEOLOGIA:
Enciclopédia

Chefes de Arqueologia, Geologia, Etnologia/Etnografia e Antropologia vêm à frente e cantam.

CHEFE ARQUEOLOGIA:
Aqui, o nosso assunto é Arqueologia
Onde estudamos fundamente a humanidade
Os objetos escavados e encontrados
São ferramentas para a posteridade

CHEFE GEOLOGIA:
Geologia, que é nosso departamento
Desvenda a Terra em seus múltiplos aspectos
Olha minuciosamente cada solo
Composições, transformações e seus impactos

CHEFE ETNOLOGIA/ETNOGRAFIA:
Etnologia e Etnografia:

Duas irmãs que mutuamente se alimentam
Uma levanta documentos de um povo
E a outra estuda com afã estes excertos

CHEFE ANTROPOLOGIA:
O que é humano me interessa intensamente
Em minha disciplina, a Antropologia
Portanto, a mim nunca parecerá alheio
Se gente come, sonha, canta, morre ou cria

OS QUATRO CHEFES:
No encontro dos departamentos
Na soma de tais fundamentos
É que algum saber se cria
E o Museu se anuncia

Vêm à frente os chefes de Botânica, Invertebrados, Vertebrados e Entomologia e cantam.

CHEFE BOTÂNICA:
Já na Botânica, meu campo de interesse
Tudo que é vegetal se olha amiúde
Grama ou gerânio, planta ou alga, pouco importa
Importa a flora em toda sua amplitude

CHEFE INVERTEBRADOS:
Eu falo aqui em nome dos Invertebrados
Criaturas ricas, engenhosas, singulares
Reparem bem na arquitetura de uma concha
E entenderão por qual razão morro de amores

CHEFE VERTEBRADOS:
Nos Vertebrados, variedade não é segredo
A barca é vasta e veste diversas espécies
Tem peixes, répteis, aves e, é claro, mamíferos
Como este que vos fala e você que me ouve

CHEFE ENTOMOLOGIA:
A minha área é a Entomologia
Que é a ciência dos insetos e suas vidas
Tem muito assunto por aqui e uma certeza:
Deus fez o inseto e o Diabo, o inseticida

OS QUATRO OUTROS CHEFES:
No encontro dos departamentos
Na soma de tais fundamentos
É que algum saber se cria
E o Museu se anuncia

Vêm à frente os chefes do SAE, da Seção de Museologia e do CE-LIN, além de Luzia, e cantam.

CHEFE SAE:
Nosso setor é de Assistência ao Ensino
Que faz a interface entre o Museu e as escolas
Que a educação é um assunto sempre urgente
Em qualquer tempo, mas ainda mais agora

CHEFE MUSEOLOGIA:
Nossa seção é a de Museologia
Nossa missão é ordenar a exuberância
De todo o acervo e a conservação do mesmo
Pra que não vire confusão toda abundância

CHEFE CELIN:
[*a Atriz canta a canção em sua língua originária*]
Yí'í u'kusé tohó ti'ó-ya'a
Ïsã po'tëríkaa'na yee-ré bo'êpú
A-tí dîtâ'ré pê'ê nikãpũ te'é kerâ[6]

LUZIA COMO CHEFE DO SETOR DE MEMÓRIA E ARQUIVO (SEMEAR):
Eu sou Luzia, porém, prestem atenção
Memória e arquivo do Museu eu represento
É evidente que há um chefe de seção
Mas pra canção já não havia mais elenco

OS DOZE:
No encontro dos departamentos
Na soma de tais fundamentos
O saber se irradia
E o Museu é melodia

A canção se encerra. Luzia retoma a palavra.

LUZIA:
Obrigada, pessoal.

CORO:
Não tem de quê. Com licença. Obrigado. De nada.

O Coro sai.

---

6. Línguas indígenas aqui nós estudamos/ catalogadas neste imenso território/ esta que ouvem é minha língua materna/ mas é ainda bem mais vasto o repertório.

LUZIA:

Pesquisadores dedicam a vida a produzir conhecimento e passam seus dias entre hipóteses e estudos minuciosos. A importância do que fazem é inquestionável. A importância que se atribui a eles? Invisível. Em certos lugares, a produção de conhecimento não é prioridade para os poderosos, porque a manutenção do domínio deles depende da ignorância coletiva. Assim vivem os pesquisadores: metade da vida estudando, outra metade lecionando e a terceira metade escrevendo requerimentos.

A PRECARIEDADE

Na cena a seguir, as falas são ditas consecutivamente, da esquerda para a direita, sendo O que Pede 1 o primeiro e O que Pede 3 o último. Quando as falas estão sinalizadas em negrito, os atores devem enunciá-las ao mesmo tempo.

O QUE PEDE 1	O QUE PEDE 2	A QUE PEDE 1	O QUE PEDE 3
Excelentíssima	Estimada	Caro	Digníssimo
É de conhecimento público e notório	Que o Museu Nacional	A mais antiga instituição científica da América Latina	Atravessa um momento de grandes
Dificuldades	Angústias	Impossibilidades	Desafios
É desnecessário recordar aqui a vastidão de nosso acervo	A variedade de campos de saber que representamos	A importância de nossa instituição na construção da memória coletiva	Bem como a excelência de nossos pesquisadores, que faz de nossa instituição referência mundial
Infelizmente	Tristemente	Tragicamente	Desafortunadamente

O QUE PEDE 1	O QUE PEDE 2	A QUE PEDE 1	O QUE PEDE 3
Tememos que as condições atuais de nosso edifício-sede	O glorioso Palácio de São Cristóvão	Patrimônio histórico tombado pelos órgãos competentes de nossa República	Estejam bastante defasadas
Desfalcadas	Depauperadas	Impróprias	Inadequadas
Indevidas	Aviltantes	Destoantes	Dissonantes
Periclitantes	Imprestáveis	Desagradáveis	Lamentáveis
Detestáveis	Desgraçadas	Degeneradas	Fodidas
Detonadas	**Detonadas**	**Detonadas**	
Configurando assim um imenso risco para a preservação de patrimônio imensurável	Em termos históricos, simbólicos e mesmo financeiros	Que nosso acervo encerra	Os exemplos de desgaste que o edifício enfrenta são inúmeros
Há variados focos de infiltração	Rachaduras múltiplas	Quedas repentinas de forros de gesso que ameaçam a integridade física de nossos funcionários	Fiações expostas e malconservadas
Espalhadas por um edifício todo construído em madeira	Um verdadeiro barril de pólvora	Propício para o espalhamento do fogo	Em caso de algum pequeno foco de incêndio
Toc-toc-toc três vezes isola	**Toc-toc-toc três vezes isola**	**Toc-toc-toc três vezes isola**	**Toc-toc-toc três vezes isola**
Por meio desta, portanto, pedimos encarecidamente	Enfaticamente	Apaixonadamente	Desesperadamente
Que nos ajude	Proteja	Socorra	Salve
Através da remessa de recursos	Liberação de verbas	Emendas parlamentares	Qualquer auxílio é bem-vindo
Agradecemos muito	Muito	Muito	Muito
17 de janeiro de 1873	20 de maio de 1920	30 de julho de 1986	7 de dezembro de 2017
Atenciosamente	Cordialmente	Respeitosamente	
Enviar	**Enviar**	**Enviar**	**Enviar**

Respiro.

Acorde introdutório. Elenco se divide em três grupos: Os que Pedem fazem uma coreografia com uma fantasia de esqueleto de dinossauro, que compartilham; o segundo grupo é composto pela dupla composta por A que Recusa 1 e O que Recusa 2, que fazem uma espécie de inspeção no esqueleto; o terceiro grupo é composto pelos músicos que tocam o arranjo da canção dispostos numa linha no fundo do palco. A canção é cantada num formato de pergunta e resposta: cada grupo só se move enquanto seu representante (O que Pede 3 e O que Recusa 2, respectivamente) canta.

A QUE RECUSA 1	A QUE RECUSA 2	O QUE RECUSA 1	O QUE RECUSA 2
Estimado	Caro	Cara	Estimado
Recebemos sua solicitação com muito pesar e lamentação	Recebemos sua solicitação com muito pesar	Recebemos sua solicitação	Recebemos
Infelizmente	Infelizmente	Infelizmente	Infelizmente
Não será possível atender sua demanda	Não será possível	Não será	Não
Por motivos de verbas já empenhadas	Outras prioridades	Porque eu não quero	Não te interessa
Assim sendo	Assim sendo	Assim sendo	Assim sendo
Esperamos	Encontre recursos	Excelente sorte	Melhores desejos
Atenciosamente	Cordialmente	Nem tente	
Novamente	**Novamente**	**Novamente**	**Novamente**

A precariedade[7]

O QUE PEDE 3:
Triste é viver
Sob o signo
Da sina
Da saga
Da precariedade

O QUE RECUSA 2:
Dar murro em ponta de faca
E a cara a tapa
E não ter nem metade

O QUE PEDE 3:
Neste país que parece
Carece
Perece
Promete
E nunca, nunca se cumpre

O QUE RECUSA 2:
Tudo que sobra é a ausência
A urgência
A cadência
Da incompletude

O QUE PEDE 3:
Tá na cara que a precariedade é praga
É regra e suga e traga e folga em seu trono de marfim

---

7. Música: "A precariedade", de Alfredo Del-Penho e Vinicius Calderoni.

O QUE RECUSA 2:
Passa o tempo e isso nunca se renova
Segue em voga e dobra é foda e parece não ter fim

O QUE PEDE 3:
Tá na cara por quem essa conta é paga
E cobra obra e mais manobra e sobra pra você e pra mim

O QUE RECUSA 2:
O pior é quem quer manter essa droga
E a draga não acaba porque alguém segue se dando bem

A partir da segunda exposição da canção, a dupla que compõe Os que Recusam vai confiscando partes do esqueleto de dinossauro, e os respectivos atores que as trajavam vão saindo de cena. A cada vez que um intérprete que veste a fantasia de dinossauro sai de cena, sai também um músico: saem três de cada time, deixando a cena vazia e o arranjo musical também. Ao final, sobram apenas O que Pede 3 e O que Recusa 2, cantando acompanhados por um único instrumento, na mais profunda precariedade. Ao final da canção, blecaute.

Um tempo de silêncio. Ainda da completa escuridão, Luzia retoma a palavra.

LUZIA:
Ainda não sabemos ao certo quando a luz vai voltar. Desculpem qualquer coisa. Também não é tão ruim assim... Pensem há quanto tempo existe luz elétrica no planeta. É desconfortável? É. Mas também é educativo. Aproveitem para ouvir as batidas do seu coração.

PINGUIM:
[*sussurrando*] Shhhhhh, faz silêncio!

LUZIA:
Quem tá aí?

PINGUIM:
Vai estragar a surpresa!

LUZIA:
Estragar o quê? Do que você tá falando?

ESQUIFE SHA-AMUN-EN-SU:
Ué, tá desmemoriada?

ESQUELETO DINOPRATA:
Ou se fazendo de sonsa?

VASO INCA:
[*este personagem é interpretado por dois atores. O negrito serve para diferenciar a alternância das falas entre um e outro*]
A gente tá achando que você tá se achando.

GASTRÓPODE:
Atenção, gente, tô ouvindo ela se aproximando...

AFRESCO DE POMPEIA:
Ai, meu coração.

TRONO DE DAOMÉ:
[*sussurrando*] Ao meu comando, silêncio total. Três, dois, um...

Silêncio total. Tempo. A luz se acende.

TODOS:
[*menos Máscara Tikuna*] SURPRESAAAAA!

FESTA DE DESPEDIDA

LUZIA:
Um museu não é só feito de gente, como é também feito de coisas, e, aqui, a voz das coisas nos interessa. Esta é uma festa de despedida de um objeto logo antes de ser devolvido para seu povo de origem, na qual estão presentes vários de seus colegas de acervo.

PINGUIM:
Eu sou um pinguim-de-magalhães empalhado. Um grupo de crianças infelizes que veio numa excursão me deu o nome de Flick, mas, se você falar essa palavra, eu nem me viro, até porque estou empalhado. Pessoal aqui me conhece por Magalhães, e é assim que eu gosto de ser chamado.

GASTRÓPODE:
Eu sou um gastrópode, ou seja, uma concha. Como sou invertebrado, ninguém sabe muito pra que eu sirvo. Às vezes eu mesmo tenho essa dúvida, mas, no fundo, sei bem: se você cola o ouvido em mim, cabe o mar inteirinho.

CIGARRINHA:
Eu sou uma pequena cigarrinha, meu nome científico é *Cavichiana alpina,* mas meu nome artístico é Cavi Pina, que eu achei numerologicamente mais forte. A cigarra da fábula é minha Pina, digo, prima, mas eu não enveredei para a música. Prefiro

me considerar mais uma artista sem fronteiras, que se expressa em várias mídias.

PINGUIM:
Não dá nem pra comparar.

GASTRÓPODE:
Ah, nem vem!

PINGUIM:
Pô, uma vida inteira nadando, vida cigana do caralho, mudando de um lugar pra outro, cheio de predador no retrovisor, pra encontrar uma costa segura pra se reproduzir, e se liga!, que se descuidar malandro vem e come o ovo do seu filhote e, depois de toda a epopeia, ainda pode morrer sem comida. Isso não é vida, é calamidade pública.

GASTRÓPODE:
Nossa vida é muito pior, meu irmão.

PINGUIM:
Irmão não que eu sou vertebrado.

GASTRÓPODE:
A gente passa a vida naquela pasmaceira da porra, não acontece nada, só uns peixinhos nadando pra lá e pra cá — que nem ficar olhando um aquário, só que de dentro do aquário. Daí não acontece nada, não acontece nada, até que um dia a gente acorda e, de repente, quando a gente menos espera, POU: nada aconteceu. Pelo menos você tem emoção.

CIGARRINHA:
Nossa, gente, a cara de vocês competirem por quem tem a vida mais caída. E pior que nem vida mais ninguém aqui tem.

PINGUIM:
Lá vem ela, curtindo a pós-vida adoidado.

CIGARRINHA:
Ah, meu filho, aqui é *carpe diem*, só sei curtir e brilhar, brilhar e curtir.

LEGENDA:
Em virtude de suas cores chamativas e vibrantes, a Cigarrinha *Cavichiana alpina* provoca imediata associação a um clima de vitalidade e descontração, como também ficou expresso em suas palavras.

Pinguim, Gastrópode e Cigarrinha olham para Legenda com estranhamento. Luz em outro ambiente.

AFRESCO DE POMPEIA:
Eu sou um afresco de Pompeia, uma pintura feita sobre uma camada de parede recuperada de uma cidade soterrada pela lava de um vulcão. Sou remanescente de uma cidade gloriosa, mas também uma notícia eloquente de seu desaparecimento.

VASO INCA:
Nós somos um vaso inca e também somos um remanescente de uma civilização exterminada, **mas não por um desastre natural** e sim pela ação do homem, **e o genocídio é o ato** de espalhar barbárie **para fins supostamente civilizatórios**. Somos uma fotografia **dos usos e costumes** deste povo **quando vivo**.

AFRESCO DE POMPEIA:
Não tenho certeza se compreendi.

VASO INCA:
É simples, **acompanhe comigo**: tomando você mesmo **como exemplo**. Aquele que te extraiu como matéria-prima da rocha. **Aqueles que transportaram essa matéria-prima**. Cada pessoa que te manuseou. **Aqueles que te anexaram a uma parede**. Aquele que te pintou. **E assim por diante**, até a prateleira onde você está exposto hoje. **Se somar todas as pessoas** em todos os processos, **vai chegar a milhões de pessoas**.

AFRESCO DE POMPEIA:
Em outras palavras, cada um de nós traz em si uma multidão?

VASO INCA:
Exatamente isso, **não conseguiríamos explicar melhor**.

LEGENDA:
A amizade entre objetos retirados de sítios arqueológicos tende a enveredar, não raro, pelo campo da metafísica, sem prejuízo da dimensão simbólica e imaginativa.

Afresco de Pompeia e Vaso Inca olham para Legenda. Luz em outro ambiente.

ESQUELETO DINOPRATA:
Eu sou um esqueleto de Maxakalisaurus, um dinossauro herbívoro que viveu há 80 milhões de anos na América do Sul. Como fui encontrado na cidade de Prata, eles me chamam de Dino...

prata. Em vida, eu tinha 13 metros de comprimento e pesava 9 toneladas, e é por isso que precisamos falar sobre estigmas: as pessoas veem o meu tamanho e me imaginam sanguinário, quando sempre acreditei na CNV: "Comunicação não Violenta".

TRONO DE DAOMÉ:
Eu sou o trono do Rei Adandozan, do Reino de Daomé, atual Benin, e vim de África. Cheguei em 1818, como presente para D. João VI, num gesto de diplomacia de meu rei. Só faltou perguntar se eu aceitava servir a esse propósito: eu estou trono, mas, na essência, sou tronco e não esqueço das minhas raízes. E não é porque eu tenho formato de assento que qualquer um se senta em mim. [*Olha para Esqueleto Dinoprata*] E você se dobrou de novo?

ESQUELETO DINOPRATA:
Mas é da minha natureza!

TRONO DE DAOMÉ:
Já disse que você tem que ser mais inflexível.

ESQUELETO DINOPRATA:
Fácil falar, pra quem é maciço igual a você.

TRONO DE DAOMÉ:
Não é porque seu esqueleto é articulado que você tem que aceitar o lugar em que colocam você.

ESQUELETO DINOPRATA:
Um dia eu vou aprender a ficar firme como você.

TRONO DE DAOMÉ:
Até que enfim um comentário à sua altura.

LEGENDA:
Amizades entre itens de reinos distintos, neste caso, vegetal e animal, dependem de importantes exercícios de alteridade e deslocamento para que possam fluir a contento.

Trono e Esqueleto Dinoprata olham feio para Legenda. Luz em outro ambiente.

ESQUIFE SHA-AMUN-EN-SU:
Eu sou o caixão de Sha-Amun-en-su, uma cantora egípcia que viveu em Tebas no século VIII antes de Cristo. Apesar de ser recipiente, após séculos de fusão, um sequestro e um deslocamento forçado para um palácio desconhecido, eu me tornei parte indissociável daquela a quem acolho, somos como unha e carne, embora ela já não tenha mais carne. Unidas neste abraço de eternidade, nós viramos um novo ser. Eu sou ela, ela é eu.

MÁSCARA TIKUNA:
Eu sou uma máscara Tikuna, um artefato usado nos rituais de um povo originário destas terras. Na simbologia mais óbvia, máscaras são instrumentos que servem para esconder, para encobrir alguma verdade, a verdade que só se vê quando cai a máscara. Mas é aí que mora o engano, porque desde sempre eu vim pra revelar. Hoje é meu último dia por aqui e eu nem sei o que dizer.

LUZIA:
Eu sou Luzia e acho que de mim vocês já ouviram o bastante. Só queria acrescentar que aqui eu não sou sua anfitriã e sim mais uma entre tantos e tantas.

ESQUIFE SHA-AMUN-EN-SU:
Nossa, você já conseguiu parar pra pensar como vai ser na hora em que você chegar?

MÁSCARA TIKUNA:
Ainda não. Nem vou!

LUZIA:
Por que não?

MÁSCARA TIKUNA:
Porque tudo é sempre muito diferente da maneira como a gente imagina. E pensar como vai ser antes de ser só serve pra tirar a gente do chão.

ESQUIFE SHA-AMUN-EN-SU:
Eu acho que, se fosse eu, ia estar radiante de poder estar de volta ao convívio da minha gente.

LUZIA:
Eu também adoraria, mas do meu povo só eu sobrei.

MÁSCARA TIKUNA:
Mas eu *tô* feliz em voltar. Só que vou sentir falta de vocês.

LEGENDA:
Um item etnológico, quando devolvido a seu povo de origem, tende a ser reincorporado em seus rituais típicos, como no caso desta máscara, que deverá representar espíritos ou figuras mitológicas.

MÁSCARA TIKUNA:
Quem disse?

LEGENDA:
Perdão?

MÁSCARA TIKUNA:
Você não se cansa disso?

LEGENDA:
Disso o quê?

VASO INCA:
De ficar interpretando **cada pequeno detalhe**.

LEGENDA:
Ué, eu tô fazendo meu trabalho, eu sou uma legenda de museu. Tô aqui pras pessoas terem uma visão mais completa, porque vocês soltos podem não ser compreendidos.

AFRESCO DE POMPEIA:
Quem disse que eu quero ser compreendido?

TRONO DE DAOMÉ:
Quem disse que a sua explicação me contempla?

PINGUIM:
Quem escreve a sua explicação?

LEGENDA:
O que eu devo responder primeiro?

CIGARRINHA:
As explicações que você oferece dizem respeito a qual visão?

ESQUIFE SHA-AMUN-EN-SU:
Porque quando as pessoas me veem exposto e te leem do meu lado, elas já saem com uma ideia fechada.

ESQUELETO DINOPRATA:
E se eu for muito mais do que isso que você diz que eu sou?

GASTRÓPODE:
Porque **eu sou** muito mais do que isso que você diz que eu sou!

LEGENDA:
Mas, então, como vocês esperam que eu faça o meu trabalho?

METEORITO DE BENDEGÓ:
[*Luz na grande escultura do fundo do cenário, cuja voz soa como a soma de todas as vozes*] Eu, o Meteorito de Bendegó, tenho uma sugestão. Escreva-se assim: "Cada um chegou aqui por um caminho: escavado, doado, presenteado, encontrado, coletado, trocado, adquirido, caçado, capturado, arrancado, roubado, profanado. Cada um em si expressa alguma história. De um povo, de um lugar, de um processo. De um ecossistema, de um bioma, de um contexto. Cada qual é o seu próprio manifesto."

LEGENDA:
É isso? Mas aí ninguém vai saber ao certo de onde cada um de vocês vem...

Começa a introdução da música.

CIGARRINHA:
Aí é que tá: deixa elas entenderem o que elas bem entenderem.

ESQUIFE SHA-AMUN-EN-SU:
Melhor isso do que ficar estampando a hipótese mais conveniente pro seu ponto de vista.

MÁSCARA TIKUNA:
Não é o que você diz que faz cada coisa aqui ser.

LUZIA:
Cada coisa aqui é sem você precisar dizer.

ESQUIFE SHA-AMUN-EN-SU:
Por isso que cada item aqui pode se reservar o direito de ser mistério, afinal... [*começa a cantar a letra da canção*]

Desobjeto[8]

ESQUIFE SHA-AMUN-EN-SU:
Não sou
O que você deseja
Suas cartas na mesa

---

8. Música: "Desobjeto", de Vinicius Calderoni.

Não vão definir
O meu plano de voo

Estou
Além da sua certeza
Eu sou plena potência
Sou grata surpresa
Até mesmo pra mim

Sim
É o que digo a mim mesma
E assim suas palavras
Não podem me conter

Sou
Do campo da poesia
Sou onde a melodia
Por ora me levou

Não sou seu objeto de interesse
De estudo ou de estimação
Sou meu próprio objeto
De experimentação
Sou o que eu quiser
Mas o que você quer
Não

Ao final da canção, Cigarrinha, Sha-Amun-en-su, Máscara Tikuna e Luzia falam, sobre a base musical derradeira.

ESQUIFE SHA-AMUN-EN-SU:
Agora, é sempre bom lembrar, que apesar disso tudo...

ALGUÉM:
Eu entro no Museu.

CIGARRINHA:
... Quando alguém vem nos ver...

ALGUÉM:
Caminho até a área de exposição.

TRONO DE DAOMÉ:
... Caminha pelo Museu...

ALGUÉM:
Percorro um dos corredores.

AFRESCO DE POMPEIA:
... E olha para qualquer um de nós profundamente...

ALGUÉM:
Olho através de uma vitrine.

ESQUIFE SHA-AMUN-EN-SU:
... Está completamente livre, sem amarras e sem legendas...

ALGUÉM:
Vejo uma pedra.

LEGENDA:
... Para associar o item que vê ao que bem entender.

A música se encerra.

ALGUÉM:
A etiqueta diz: "Calcedônia da Sibéria, coleção Werner." É uma pedra vermelha e branca, com camadas internas de sedimentação, alternadas em linhas retas.

TUDO QUE SE MOVE EM MIM AO VER UM ITEM IMÓVEL

PENSAMENTO:
Eu sou o pensamento dessa pessoa ao ver a pedra e não sei se eu sei falar de mim, de tantos lugares por onde passo. Só depois de um tempo eu me entendo: tô impressionado com a semelhança que as camadas dessa pedra têm com um bolo de rolo que a sua avó fazia.

AVÓ DA LEMBRANÇA:
Eu sou a lembrança da avó que diz "Só isso? Não, pega mais um pedaço, você tá muito magrinho" e que volta pra cozinha, arrastando os chinelos e cantarolando a melodia de um bolero.

MELODIA:
[*cantarolando*] Eu sou a melodia desse bolero e sou mais ou menos assim.

LÁGRIMA:
Eu sou a lágrima que aparece sem aviso no olho direito, mas que não desce, fica ali ao rés do assoalho da vista, como uma pequena poça d'água represada.

PENSAMENTO:
Eu sou o pensamento agora tomando forma de saudade da avó e de uma frase do pai.

PAI DA LEMBRANÇA:
"Sua vó não vai mais acordar, filho. Sinto muito." Essa é a lembrança do pai em forma de frase e do gesto de apoiar a mão no ombro do filho.

GESTO:
Eu sou um gesto de enxugar o olho com a lágrima. Sou brusco e repentino mesmo, é essa a proposta, porque meu ímpeto vem interromper essa lembrança e devolver a concentração para o que você veio fazer aqui, que é ver a exposição.

ALGUÉM:
Eu circulo muito mais, olhando para mais itens em diferentes salas, que desencadeiam outras coisas. Um cálice etrusco do século VII antes de Cristo...

PENSAMENTO:
... Que me faz pensar qual o líquido que eles tomavam ali dentro...

LEMBRANÇA:
... Que me faz lembrar de uma taça de cristal que eu quebrei na casa de um amigo e era herança de família...

PERDÃO:
... E eu sou o perdão desse amigo, e só cheguei depois de um bom tempo e de muita análise.

ALGUÉM:
Um pedaço de tapeçaria da cultura Chancay, uma civilização ameríndia da era pré-colombiana, representando um grupo de aves...

SENSAÇÃO:
... E a sensação meio metida a besta de que esse tipo de tapeçaria é um pouco precursor da linguagem do cinema.

ALGUÉM:
Um besouro seco com a casca das costas numa tonalidade de azul rara e quase inédita...

CONSTATAÇÃO:
... E a constatação óbvia de que foram as cores disponíveis na natureza que originaram as tonalidades possíveis nas cartelas cromáticas, e não o contrário.

ALGUÉM:
E assim sucessivamente: algo que vejo...

— que me lembra
— que me desperta
— que outra coisa surge
— que leva a outra
— que um gesto.

ALGUÉM:
Até que...

INEZ:
Fala sério.

ALGUÉM (AGORA FERNANDO):
Se combinasse, não dava tão certo.

ABRAÇO:
Eu sou o abraço entre esses dois velhos amigos, Fernando e Inez, que se encontram por acaso numa visita a um museu no meio de uma tarde de sábado.

TENSÃO:
Eu sou a *leve* tensão sexual que há entre Inez e Fernando, que, afinal, já tiveram um lance no passado.

DIÁLOGO:
Eu sou o diálogo que eles vão ter e já acho bom alertar vocês de que talvez eu dure algumas horas.

FERNANDO:
Chegou faz tempo?

INEZ:
Acho que... Uma hora mais ou menos?

FERNANDO:
Que nem eu.

INEZ:
Ah, olha só.

SENSO DE HUMOR:
Eu sou o senso de humor do Fernando, que vai perguntar "Você vem sempre aqui?".

AUTOCENSURA:
Eu sou a autocensura do Fernando e cheguei pra impedir uma tragédia.

TOLERÂNCIA:
Eu sou a baixa tolerância da Inez a silêncios constrangedores, que faz com que ela fale qualquer coisa pra não ter de sustentar a situação.

INEZ:
Muita coisa forte, né?

FERNANDO:
Nossa. O mundo todo.

INEZ:
É... Tipo isso. Sabe aquele filósofo, o Derrida, que dizia que cada pessoa que morre é o fim do mundo?

FERNANDO:
Não sei. Mas se você tá dizendo, eu confio.

Riem.

IMINÊNCIA:
Eu sou a iminência de uma frase de efeito. Fiquem atentos.

FERNANDO:
Se cada pessoa que morre é o fim do mundo, cada um que nasce é o mundo novo?

INEZ:
Se você tá dizendo... Eu confio.

MUNDO FERNANDO:
Eu sou o mundo que é o Fernando.

MUNDO INEZ:
Eu sou o mundo que é a Inez.

MUNDO MUSEU:
Eu sou o mundo que é o Museu.

FERNANDO:
No segundo andar você já foi?

INEZ:
Ainda não. Bora?

POSSIBILIDADE:
Eu sou a possibilidade de uma história de amor e eu só peço que não me apressem, com licença.

MUNDO FERNANDO:
Eu sou o mundo que o Fernando leva em si e que me vou com ele.

MUNDO INEZ:
Eu sou o mundo que a Inez leva dentro de si e que me vou com ela.

MUNDO MUSEU:
Eu sou o mundo que é o Museu feliz de ver esse encontro acontecer nas minhas dependências e observando que chegou alguém.

LUZIA:
Eu olho para o museu. Não o edifício concreto, mas aquele que você construiu a partir destes relatos. Diante do museu erguido na sua mente, aviso que o que eu tinha pra dizer não é muito mais do que já disse, e é questão de tempo até que você se esqueça dessas palavras, já que, aqui, não sou peça de museu e sim peça de teatro; portanto, efêmera. Todo museu é uma luta contra a ação que o tempo tem sobre cada matéria: conservar é artificial, perecer é natural. A conservação de um patrimônio como uma prova do triunfo humano possível sobre o fim. Eu, que não desejo triunfar sobre meu próprio fim, embora esteja há 12 mil anos desafiando o tempo, encerro aqui minha função como guia. Não sem antes notar que este museu é um ancoradouro de tempos: todas as camadas de passado estão presentes. Não sem antes mostrar esses três amigos que se sentam com uma canga no gramado do pátio central em frente ao edifício. O dia é 2 de setembro de 2018 e é uma manhã ensolarada de domingo.

SOBREPOSIÇÃO DE TEMPOS

Duda, Rosa e Adrén, dois sentados e outro deitado no chão da cena, como se estivessem num jardim.

DUDA:
Tomaria outra agora.

ROSA:
Cê acabou de virar sua garrafa num gole só!

DUDA:
Assim que é bom.

ADRÉN:
Ué, desce ali e compra outra.

DUDA:
Preguiça da porra.

ROSA:
Falei que era melhor trazer o isopor.

DUDA:
Pesado demais.

ADRÉN:
Não te falei, esse aí queria que o mundo acabasse em barranco pra ele morrer encostado.

DUDA:
Lógico, qual a dúvida?

ROSA:
Pra mim, você vive que nem um milionário, só que sem dinheiro nenhum.

DUDA:
Tá achando que eu fico bravo? Achei foi elogio.

ADRÉN:
Melhor começar a pensar em grana logo, viu? Daqui a pouco cê fica velho, sem energia, vivendo de aposentadoria, cê tá fodido.

DUDA:
Ah, mas isso tá longe ainda.

ROSA:
Tá longe nada, passa assim.

ADRÉN:
Minha mãe, desde que eu sou adolescente, me ensinou a pensar: "Onde eu quero estar daqui a trinta anos?"

DUDA:
Eita! Eu acho que não sei responder onde quero estar daqui a trinta minutos.

ADRÉN:
Por isso mesmo, tá na hora de começar a exercitar essa musculatura. Responde.

DUDA:
Como eu quero estar daqui a trinta anos?

ROSA:
Isso.

DUDA:
Vivo.

ADRÉN:
Engraçadinho. Fazendo o quê?

Entram em cena Adassa e Ricca. Eles se colocam numa posição nas extremidades do palco. Duda, Adrén e Rosa se mantêm onde estão, as cenas se sobrepõem espacialmente.

LUZIA:
Pátio central, fachada do edifício, 14 de março de 1984.

ADASSA:
Parece que sai da Cinelândia e vai até a Candelária.

RICCA:
Quando você disse que é?

ADASSA:
Daqui a uma semana! Muito ansiosa.

RICCA:
Que bom que você tá animada!

ADASSA:
Você não?

RICCA:
Tô reticente. Aliás, tô não. Sou.

ADASSA:
Não, professor, agora é diferente. Vai ter 300 mil pessoas gritando, pedindo Diretas, não tem como não dar certo.

RICCA:
Uma coisa que eu aprendi é que neste país sempre pode dar errado.

ADASSA:
Professor, você sabe que eu te respeito muito, mas eu acho que desta vez você tá enganado.

RICCA:
Eu acho que você tá certa em achar que eu tô errado.

ADASSA:
Os milicos tão caindo de maduros, se der um empurrãozinho caem. E, se caírem, não voltam mais.

RICCA:
Será?

Entram Felipe e Lucas. As outras duas cenas se mantêm. Mais uma camada de sobreposição.

LUZIA:
15 de outubro de 1802. Outra manhã ensolarada.

FELIPE:
[*fuma*] Quer um trago?

LUCAS:
Faço essas coisas, não. Me dá tosse.

FELIPE:
Tá vindo ninguém não, né?

LUCAS:
Já falei que se vier dá pra ver daqui.

FELIPE:
Seguro morreu de velho. Eles não podem ver a gente aqui de jeito nenhum.

LUCAS:
Eles não vão ver, fica descansado.

FELIPE:
Descansado? Sei nem o que é isso. Você sabe?

LUCAS:
Sei nada. Só sei carregar pedra debaixo desse sol pra levantar esse castelo pros outros.

FELIPE:
Mas o senhor e a senhora sabem.

LUCAS:
Ah, esses sabem.

FELIPE:
Será que seu neto vai saber?

LUCAS:
O quê?

FELIPE:
Como é descansar.

LUCAS:
Não sei se vai. Mas deve ser bom.

FELIPE:
Deve ser. Sabe o que é mais estranho?

LUCAS:
O quê?

FELIPE:
É que isso que a gente leva, eles chamam de vida. E o que o senhor leva, eles também chamam de vida. Mas, se olha pra uma e pra outra, como que essas duas coisas podem ter o mesmo nome?

Entram Beto, Aline e Alfredo. Posicionam-se em mais uma camada complementar sobreposta, portando instrumentos musicais.

LUZIA:
Onze de dezembro de 1945. Tarde de tempo encoberto.

BETO:
Mas não podia botar alguém pra avisar na hora que eles estivessem chegando?

ALINE:
Podia, mas já não botaram.

BETO:
Eles querem que a gente adivinhe?

ALFREDO:
Fica pronto aí, na hora que eles passarem, a gente conta e começa.

BETO:
Porra, mas não dá pra trabalhar assim.

ALINE:
O que não dá é pra não trabalhar.

BETO:
Não, falando sério. A gente ensaia, se dedica, e deixam a gente aqui nessa situação.

ALFREDO:
Meu irmão, é simples. A hora que tu olhar aquele monte de chapéu de grã-fina se aproximando, é porque o figurão tá chegando, que nem o último figurão que veio visitar o Museu ano passado.

BETO:
É, mas ano passado a gente tava ali no saguão, não no meio do jardim tomando esse sol na moleira.

ALFREDO:
Nem tá sol.

BETO:
Mormaço queima.

ALINE:
[*fica subitamente aflita*] Opa, olha lá, tão vindo.

ALFREDO:
Bora. Um, dois, três...

Alfredo conta, eles começam a tocar uma peça instrumental em trio. Sobre a trilha, as cenas continuam.

DUDA:
Uma casinha na praia com uma horta e uma rede.

RICCA:
Eu sinto que as coisas vão e vem o tempo todo por aqui.

LUCAS:
Será que o filho do seu neto vai saber...

ADASSA:
Será que a gente nunca vai deixar a barbárie pra trás?

DUDA:
E tu?

LUCAS:
... Como é descansar?

ROSA:
Só vou descansar quando der uma casa pros meus pais.

RICCA:
A história é pêndulo, não linha reta.

FELIPE:
O bisneto do seu neto?

ROSA:
E você?

ADASSA:
Eu não consigo *não ter* essa esperança.

LUCAS:
Talvez daqui a duzentos anos?

ADRÉN:
Eu queria ter uma chácara com uns duzentos gatos.

FELIPE:
Será que algum dia?

RICCA:
Essa é a esperança que você tem que manter.

ADRÉN:
Se eu não sonhar, ninguém vai fazer isso por mim.

LUCAS:
Não dá pra esperar um milagre.

DUDA:
Sonhar não custa nada.

ADASSA:
Não tô falando de esperar, mas de agir.

LUCAS:
A gente precisa fazer alguma coisa.

ADASSA:
Nada muda sem um gesto afirmativo.

ADRÉN:
Saber o que se quer é o mais importante.

FELIPE:
Mesmo que isso custe a vida?

DUDA:
A dúvida também é importante.

LUCAS:
Qual vida?

RICCA:
Eu entendo a sua questão.

ROSA:
Tudo é importante.

RICCA:
Mas existe outra.

LUCAS:
Isso é vida?

RICCA:
As transformações verdadeiras não são imediatas.

DUDA:
Onde eu quero estar daqui a trinta anos...

RICCA:
Às vezes leva anos.

DUDA:
... Pretendo passar os próximos trinta anos descobrindo.

RICCA:
Às vezes uma vida inteira.

DUDA:
A única questão que existe é:

FELIPE:
Agora?!

ADASSA:
Por isso que a hora é agora.

DUDA:
O que eu quero agora?

FELIPE:
Vamos agora?!

ADASSA:
Seja lá quando for a colheita.

ROSA:
E o que você quer agora?

LUCAS:
Vamos!

ADASSA:
Mesmo que demore uma vida.

DUDA:
Que a vida continue.

A música do trio se encerra. Entra Outra Luzia. As cenas paralelas se paralisam, viram todos estátuas, menos Luzia e Outra Luzia.

LUZIA:
Desculpa, você eu não consegui identificar a data.

OUTRA LUZIA:
É que eu vim do futuro.

LUZIA:
Qual futuro?

OUTRA LUZIA:
Um futuro possível.

LUZIA:
Como é que você se chama?

OUTRA LUZIA:
Luzia. E você?

LUZIA:
Luzia.

OUTRA LUZIA:
Gosto muito do nosso nome. Pretérito imperfeito de luzir.

LUZIA:
Pretéritos são sempre imperfeitos. Presentes também.

OUTRA LUZIA:
Igual ao futuro.

LUZIA:
E agora?

OUTRA LUZIA:
O que a gente faz?

LUZIA:
Eu que te pergunto.

OUTRA LUZIA:
Achei que você era mais experiente e ia saber a resposta.

LUZIA:
Achei que você já teria todas as respostas no futuro.

OUTRA LUZIA:
Acho que a resposta já é o que o nosso nome diz.

LUZIA:
Luzir.

OUTRA LUZIA:
Luzir a beleza.

LUZIA:
E luzir o horror.

OUTRA LUZIA:
Sobretudo o horror.

Começa uma base musical. As cenas paralelas sobrepostas, que estavam congeladas, voltam a se mover num fluxo de cena. Sobre a base musical e a coreografia, surge a canção.

Comédia de enganos[9]

ALFREDO:
Antes
É mais distante do que ontem
Tá mais pra longe do que perto
Repare, o tempo está encoberto
Com nevoeiros e fuligem
E mais camadas de vertigem
Expressas em forma de dilema:
Pois se olhar bem o tempo é cobra
Mordendo o próprio rabo
É obra, mas em progresso
E não do acaso

Hoje
É um enigma que está posto
Moto perpétuo sem descanso
Na soma dos recuos e avanços
E noves fora algum desgosto
Sentimos pra onde sopra o vento

---

9. Música: "Comédia de enganos", de Alfredo Del-Penho, Beto Lemos e Vinicius Calderoni.

E achamos o fio da meada:
Pois veja bem, a vida urge
Mais do que nunca
E logo surge
Uma esperança e uma toada

Eles
Nossos antepassados vivem
Imersos em nossas jornadas
Nos objetos, nas piadas
Se manifestam em nossos gestos
Assistem sem pagar ingresso
Nossa comédia de enganos:
Porque é eterno esse retorno
O novo é o velho
O velho é o novo
Cães ladram e a caravana passa
[Bagulho é doido e a carne é fraca]

Ato 2

Em meio ao clima contemplativo e festivo do fim de ato, Elias José Lobo emerge, gerando uma sensação imediata de anticlímax.

ELIAS JOSÉ LOBO:
Olha, que beleza, todo mundo reunido. Adoro festa. Por que ninguém me avisou? [*ninguém responde*] Hein? Ninguém ensinou vocês que é falta de educação? Ainda que eu fosse alguém que não tivesse nada a ver com a história... Todo mundo aí, cantando, celebrando a memória de um lugar que EU CONSTRUÍ e vocês não me chamam? Um projeto meu. Meu desejo. Minha realização. Um palácio, veja bem. Não um casebre, um quiosque, uma choupana, um bangalô: *um palácio*. Imponente o bastante para atrair o interesse da Família Real, porque eu me lembro bem do dia em que toc-toc-toc, com licença, Majestade.

D. JOÃO VI:
Meu caro Lobo, pode entrar, tenha a bondade.

Em paralelo, quatro intérpretes pretos e uma indígena forjam fendas na cena para recontar essa história.

1:
O nome: Elias José Lobo. O nome do homem. O nome do Lobo.

LOBO:
Diga-me logo se atrapalho.

D. JOÃO VI:
Pois já lhe digo: bem ao contrário.

1:
Talvez seja mais consagrada a lembrança do Lobo que derruba a casa dos Porquinhos com a força do ar de seus pulmões.

LOBO:
Trago um oferecimento para seu conhecimento, uma prenda mui singela.

D. JOÃO VI:
É excelente o momento pro seu aparecimento, muito bem, vamos a ela.

1:
Este Lobo, ao contrário, é um homem que *constrói* suas próprias fortalezas.

LOBO:
Tenho uma chácara tímida, uma coisa assim bem mínima, dos meus olhos é a menina, eis aqui o meu regalo.

2:
O regalo era o Palácio de São Cristóvão.

D. JOÃO VI:
Ora, ora, que beleza, tal generosa surpresa, virtuosa correnteza: fico alegre e não me calo.

LOBO:
Que é isso, Majestade, são seus olhos, imagine.

D. JOÃO VI:
Mas me chame de compadre e as dimensões me ensine.

2:
Edifício construído com sua fortuna conquistada como comerciante de grosso trato.

LOBO:
Trinta e oito alqueires.

2:
Comerciantes de grosso trato eram pessoas que atuavam nos ramos mercantis do comércio interno e externo...

LOBO:
Ou 103 hectares.

2:
... E outras atividades variadas, com destaque para a mais lucrativa de todas...

LOBO:
Ou 255 acres.

2:
... A de mercadores de escravizados.

LOBO:
Ou 1.033.800 metros quadrados.

3:
Vendedores de gente. Gente de Angola, Congo, Benin, Butão, Moçambique, gente de África. Gente preta arrancada de suas

casas, expatriada, dilacerada, torturada e morta... Gente tratada como coisa. Pior que coisa.

LOBO:
Esta é minha oferenda, eis a parte que lhe toca.

D. JOÃO VI:
É um gesto magnânimo: mas o que deseja em troca?

LOBO:
Só o que está ao seu alcance, não se aperte, é coisa pouca.

D. JOÃO VI:
Se estiver ao meu alcance, terás um doce em tua boca.

LOBO:
Majestade, essas palavras são música pros meus ouvidos.

D. JOÃO VI:
Não duvido. Diga lá o que tem em mente, dir-lhe-ei se é exequível.

LOBO:
Mercês aqui e acolá, algum cargo, uma patente, qualquer uma é bem-vinda, todas juntas, se possível.

D. JOÃO VI:
Que tal deputado da Real Junta de Comércio, meu caro?

LOBO:
Claro! E a propriedade do ofício de tabelião da Câmara da Vila de Parati, dá pra mim?

D. JOÃO VI:
Sim! E que me diz do foro de fidalgo cavaleiro da Casa Real nesta história?

LOBO:
É a glória! Ainda melhor se acompanhado do cargo de corretor e provedor da Casa de Seguros, que lhe parece?

D. JOÃO VI:
Merece! Tudo isso e conselheiro real: que tal?

LOBO:
Genial!

4:
Cargos, medalhas, honrarias e nome nos livros de história. Elias José, comerciante; Lobo, predador nato. O Homem é o Lobo do Homem.

Introdução de base musical.

5:
Agora parem e pensem, por um momento, que pra cada pessoa célebre que mandou construir, há a legião de anônimos que pereceram construindo. Quantos Joões na base para um Dom João no topo? Quantos Cordeiros da Silva pra que se festeje um Lobo? Uma multidão de mãos erguendo palcos onde o rosto de uns poucos se ilumina. As mãos pretas que ergueram o Palácio de São Cristóvão, os pés indígenas que pisaram este solo antes de ser roubado. Existe algum museu para contar essas histórias? Ou seria um desmuseu?

Desmuseu[10]

Desmuseu
Me lembra desmesura
Me lembra dez mazelas
Que a carne atura
Lembra o desamparo
Que hoje nos perfura
Lembra desespero
Talvez seja a cura

A base musical se mantém, em dinâmica baixa.

D. JOÃO VI:
E que tal o posto de ministro da Economia, que me diz?

LOBO:
Feliz! E que tal uma concessão para emissora de televisão?

D. JOÃO VI:
Pois não!

A base musical aumenta a dinâmica e a canção recomeça.

Desmuseu
Me lembra desmemória
De quem foi jogado
Nos porões da história
Me lembra desdizer

---

10. Música: "Desmuseu", de Alfredo Del-Penho, Beto Lemos e Vinicius Calderoni.

Que é como ir à forra
Me lembra desfazer
E por que não agora?

Base musical em dinâmica baixa.

LOBO:
E um cargo emérito de embaixador?

D. JOÃO VI:
Com louvor! E uma vaga vitalícia como juiz do tribunal!

LOBO:
Bestial!

A base musical retoma com a máxima força e a canção se reinicia uma vez mais.

Desmuseu
Veja, termina em *eu*,
Porém em mim começa
Como uma promessa
Mais que insubmissa
De irromper na missa
Que só nos desgraça
E quebrar as taças
E tomar as rédeas
Inverter as regras
Caçador e caça
E acabar com a graça

Da comédia triste
Feita de miséria,
Pilhagem, trapaça
Feita às nossas custas
Bem na nossa fuça
Nem que a vaca tussa
Chaga que não passa
É forjar um ato
Que nos deixe intactos
Refazer os tratos
E romper os pactos
Que nos descompensam
E que nos desmatam
Que nos desgovernam
Neste desbrasil

A base musical segue, mesmo após o fim da letra.

LUZIA:
A memória encarnada do solo escravocrata sobre o qual o Palácio de São Cristóvão e o Museu Nacional se edificam é a senha para que se rompam as paredes do edifício e se passe a falar do chão sobre o qual este país se ergue. Afinal, uma nação é isto: um pedaço de chão. O chão que nos contém e que será nossa morada derradeira. Um chão fértil, onde tudo que se planta se colhe: café, sofrimento, cana-de-açúcar, injustiça, jacarandá, paradoxo, soja, milho, genocídio e absurdo. Abram-se as cortinas do passado, pois, a partir de agora, Museu Nacional é a memória do Brasil.

Luzia despe-se de sua túnica de personagem, que repousa no chão, e junta-se ao restante do elenco. A pedra do cenário sobe aos céus, torna-se nuvem. A pedra está de pé: um país vivendo sob a égide do absurdo. A música se encerra.

LOBO:
Acho que chegamos a um grande acordo nacional, com o Supremo, com tudo.

D. JOÃO VI:
Sem sombra de dúvida. Agora é só mirar o infinito e manter isso aí.

Articula-se um grande número musical com ares de chanchada e teatro de revista para a canção que se segue. A letra é cantada do início ao fim por Malandro e, depois, uma segunda vez, por Vedete, cada um com uma exposição.

Mantém isso aí[11]

MALANDRO/VEDETE:
Mantém isso aí
Que é nessa que a gente vai lavar a égua
Enquanto a casa não cai tu passa a régua
Depois o concreto assenta e a gente vê

Mantém isso aí
Que é nessa que a gente vai encher a burra

---

11. Música: "Mantém isso aí", de Alfredo Del-Penho e Nei Lopes.

Enquanto o samba de lá leva uma surra
O nosso deita na sopa pra valer

Mostra que o nosso partido
É autoridade em termos de samba
Não tem presepada
Não tem perna bamba
Esse partido é de alta segurança
Nesse samba que balança a nação de pé no chão

Farinha pouca, meu pirão primeiro
Esse é o teor verdadeiro da nossa constituição
Farinha pouca, meu pirão primeiro
Esse é o teor verdadeiro da nossa constituição

A coreografia e a canção se encerram num grand finale *à moda do teatro de revista. Um ator se desgarra do grupo, que se mantém paralisado, e caminha até o proscênio.*

ATOR:
Não que nada disso seja alguma novidade. Faz parte do nosso acordo de cada dia. Vocês também vivem em cima deste chão.

O BRASIL NÃO É COMO NO BRASIL

ATOR:
Tenho certeza de que todo mundo aqui já tá cansado de saber que o Brasil é esse país individualista, onde impera o jeitinho, a corrupção e a lei da selva, ao contrário do Brasil que é esse passaporte para um modo mais caloroso e humano de viver, na

celebração dos rituais coletivos e na força da união do povo, um estado de coisas quase mágico, o oposto desse fascismo escancarado no desrespeito à diferença que vai revelando a verdadeira cara do Brasil, diferente do Brasil, que segue pulsando beleza e poesia em forma de arte, a anos-luz do Brasil, onde artista gosta mesmo é de mamar nas tetas do governo. Por isso que é uma felicidade imensa morar no Brasil, que é um grito permanente de júbilo à diversidade e à tolerância, enquanto o Brasil é um antro racista falsamente cordial, terra de genocídio permanente dos povos negro e indígena, e também o país que mais mata transexuais no mundo e que vive completamente inebriado pela própria ignorância, que em nada se parece com o Brasil, festivo e bem-humorado, diferente do Brasil que libera geral o porte de armas e mata em briga de trânsito e em discussão no bar, mas felizmente não tem espaço pra isso no Brasil, porque lá tem canções que nos lembram de que gente é pra brilhar, não pra morrer de fome, o oposto do Brasil onde tem milhões morrendo de fome e caçando carcaça de osso no meio do lixo pra fazer uma sopa, isso é o Brasil, uma terra abençoada cheia de belezas naturais, onde não tem terremoto, furacão, tornado, enquanto no Brasil todo desastre está sempre à espreita, e nunca se esqueça do Brasil onde tantas vezes pessoas egressas das camadas mais populares conseguem triunfar e ascender socialmente aqui neste Brasil onde se matam políticos, juízes, líderes comunitários e qualquer esperança civilizatória, um país com a maior biodiversidade do mundo, ao contrário do Brasil campeão do desmatamento, do garimpo ilegal, das queimadas criminosas, Brasil país do futuro, Brasil promessa permanentemente adiada, um país em que tudo que se planta dá, Brasil que eu digo sou eu, um país que chafurda na própria miséria, Brasil que eu digo são eles, um lugar que nunca supera seu provincianismo atávico, Brasil que eu digo é você, um país pra ser ingerido em doses cavalares e complementares de maravilha e horror, Brasil que eu digo somos nós.

Surge a Anfitriã.

ANFITRIÃ:
Sim, você tem absoluta razão. Embora possa estar completamente equivocado. No entanto, compreendo seu ponto. Acho que sua opinião é válida. Embora seja polêmica. Essa situação me lembra de algo que mamãe dizia. Uma frase marcante e precisa como um relógio britânico da qual não tenho a mais vaga memória. Mamãe sempre teve um senso de humor notável, apesar das dores recorrentes nas juntas. Ou terá sido vovó? Pouco importa, os convidados chegaram.

UM JANTAR DE 500 ANOS

Entram os convidados: o Banqueiro, o Latifundiário, o Magnata da Mídia e o Industrial, acompanhado de sua Esposa.

ANFITRIÃ:
É uma honra receber em minha casa figuras tão ilustres deste país.

BANQUEIRO:
É todo meu o prazer.

LATIFUNDIÁRIO:
Uma alegria.

MAGNATA DA MÍDIA:
Tremendo júbilo.

INDUSTRIAL:
Total regozijo.

ESPOSA DO INDUSTRIAL:
Muita...

INDUSTRIAL:
[*interrompendo-a*] Não se preocupe, querida, nós podemos ver sua satisfação.

BANQUEIRO:
Estamos terrivelmente envergonhados com o atraso, pelo qual nos desculpamos.

ANFITRIÃ:
São precisamente 21h30, a hora combinada. Podemos nos sentar à mesa, as entradas já serão servidas.

BANQUEIRO:
E então, meu camarada? Que me conta de suas fazendas?

LATIFUNDIÁRIO:
Vão bem as plantações e as cabeças de gado, mas certamente não tão lucrativas quanto seu banco.

MAGNATA DA MÍDIA:
Lamento sobre as tristes notícias de cortes em massa entre os funcionários de sua fábrica.

INDUSTRIAL:
Ossos do ofício, nosso lucro de poucos bilhões nos deixou sem alternativas. Agradeço a cobertura silenciosa que seu jornal e sua emissora conferiram ao evento.

ANFITRIÃ:
Meus criados acabam de informar que há um jovem empresário à porta dizendo que gostaria de entrar.

LATIFUNDIÁRIO:
Não sei quem é.

MAGNATA DA MÍDIA:
Nunca ouvi falar.

BANQUEIRO:
Diga a ele que volte quando a empresa dele tiver se tornado uma multinacional.

TODOS:
[*menos a Esposa do Industrial*] HA HA HA.

ESPOSA DO INDUSTRIAL:
HA HA HA HA HA HA.

ANFITRIÃ:
Aqui estão as entradas.

INDUSTRIAL:
Mas está delicioso.

ESPOSA DO INDUSTRIAL:
Eu achei...

INDUSTRIAL:
[*interrompendo a Esposa*] Não é de bom-tom falar de boca cheia, querida.

MAGNATA DA MÍDIA:
O sabor é indescritível.

ANFITRIÃ:
É uma receita de família. Vovó era uma cozinheira de grande talento, dona de um tempero marcante, cujo sabor não me é familiar. Além de tudo, tinha um senso de humor notável, apesar de sua misantropia renitente. Ou terá sido papai?

BANQUEIRO:
Um momento, senhores. Acabo de me dar conta de que, na realidade, esta é a *minha* esposa.

Tempo. Impasse.

INDUSTRIAL:
Puxa, que cabeça a minha.

A Esposa do Industrial passa para o lado do Banqueiro.

LATIFUNDIÁRIO:
Tremendo mal-entendido.

MAGNATA DA MÍDIA:
Como nos divertimos quando estamos juntos.

ANFITRIÃ:
Veja como o tempo voa, já são 20h15.

LATIFUNDIÁRIO:
Infelizmente, nem tudo são flores, senhores.

MAGNATA DA MÍDIA:
Compartilho a mesma sensação.

BANQUEIRO:
Tenho sentido uma atmosfera de muito movimento.

INDUSTRIAL:
Um ar de agitação nas cidades.

LATIFUNDIÁRIO:
No campo também.

BANQUEIRO:
Sabemos todos que esse movimento pode se converter facilmente em desordem.

MAGNATA DA MÍDIA:
E que essa desordem pode acabar em tragédia.

INDUSTRIAL:
O momento não é de sorrisos, mas sim de gestos de firmeza.

BANQUEIRO:
Talvez seja o momento de cada um dar um telefonema.

Um gesto mínimo, que indica uma pausa e um telefonema. Retornam sorridentes, numa atmosfera de grande alívio.

MAGNATA DA MÍDIA:
Pronto!

LATIFUNDIÁRIO:
Tudo como antes.

BANQUEIRO:
Podemos voltar ao divertimento.

INDUSTRIAL:
O tempo está realmente voando, já são 19 horas.

ANFITRIÃ:
Meu criado avisa que o jovem empresário voltou, agora que a empresa dele é uma multinacional, e pergunta se pode entrar.

LATIFUNDIÁRIO:
Diga a ele para voltar quando se eleger para um cargo público ou fundar uma igreja.

TODOS:
[*menos a Esposa do Industrial*] HA HA HA.

ESPOSA DO INDUSTRIAL:
HA HA HA HA HA HA.

ANFITRIÃ:
Com vocês, nosso prato principal, espero que apreciem.

LATIFUNDIÁRIO:
Está delicioso.

MAGNATA DA MÍDIA:
É também uma receita de família?

ANFITRIÃ:
De certo modo, sim. É uma receita do criado de uma das propriedades de papai. Papai era um homem de muito carisma, cuja lembrança me causa imediata náusea. Além disso, tinha um senso de humor notável e era um notório explorador de seres humanos. Ou será que era vovô? Ou meu bisavô?

MAGNATA DA MÍDIA:
Senhores, não quero atrapalhar a fruição do prato, mas acabo de me dar conta de que não sei o nome de vocês.

Silêncio. Impasse. Após um tempo, relaxamento.

LATIFUNDIÁRIO:
Ora, mas isso é supérfluo.

BANQUEIRO:
Um capricho.

INDUSTRIAL:
Um detalhe.

ANFITRIÃ:
Senhores, agora que terminaram o prato, antes da sobremesa, preparei uma surpresa.

BANQUEIRO:
Devemos nos preocupar?

LATIFUNDIÁRIO:
Chamar nossos advogados?

MAGNATA DA MÍDIA:
Fretar um avião?

INDUSTRIAL:
Comprar uma ilha?

ANFITRIÃ:
Para divertimento de todos, como sei que são grandes fãs das artes de representação, trouxe aqui uma jovem atriz, que vai fazer uma cena para nós todos. Aí está ela.

Entra a Jovem Atriz.

ISTO NÃO É UMA CENA

JOVEM ATRIZ:
Isto não é uma cena. Pra ser uma cena, vocês precisariam estar me vendo. Vocês precisariam estar me ouvindo. Pra ser uma cena, vocês, de alguma maneira, tinham de estar interessados. Ou se sentir implicados. Pra ser uma cena, eu não poderia ser invisível aos seus olhos. Mas eu sou. E não é que eu queira. Estou acenando. Chacoalhando meu corpo. Falando. Gritando. Estou fazendo tudo que dizem que é pra fazer quando se quer ser percebido. Sabe quando alguém diz "Qualquer coisa, grita"? Pra mim não

funciona. Por isso que não é uma cena. Uma cena precisa de urgência. Tem de acontecer alguma coisa que gere algum tipo de resposta. Uma coisa que se desdobre em outra coisa. Por exemplo: quando massacram um povoado. Isso não é uma cena. Pra ser uma cena, depois que o povoado é massacrado, teria de vir, de algum lugar, alguma resposta. Mas não vem. Então não é uma cena, porque o povoado é invisível. Ou, por exemplo: quando um de nós é queimado em praça pública. Ou arrancado da própria terra. Ou abandonado à própria sorte. Ou todas essas coisas juntas, porque eles têm uma capacidade infinita de fazer desaparecer quem já é invisível. Nunca tem resposta. Então, sinto muito, mas não é uma cena. É só um gesto sem resposta. Como gritar numa ribanceira e o eco não devolver nenhum som. Não devolve porque nem recebe. Pra ser uma cena, vocês precisariam estar me ouvindo. E vocês não estão. Vocês precisariam estar me vendo. E vocês não estão. Eu lamento o transtorno, posso imaginar a sua frustração neste momento que não é uma cena. Eu adoraria que fosse. Mas, por outro lado, como não é uma cena, eu também não preciso me preocupar com o texto e posso dizer o que me vier à cabeça. Talvez imaginar como seria se isso fosse uma cena. Eu diria algumas coisas e vocês perceberiam que eu estou falando. Contaria alguma coisa que me dói e isso afetaria vocês, algo dentro de vocês se moveria. Quando eu contasse coisas ainda mais terríveis, vocês se indignariam e teriam vontade de espalhar meu grito, pra mais gente saber. E quando vocês fizessem isso, eu ia saber que quando eu digo algo, alguma coisa acontece. E aí vocês estariam me ouvindo. E aí vocês estariam me vendo. E aí essa teria sido a minha cena.

A luz na Jovem Atriz se apaga. Volta-se ao jantar.

MAGNATA DA MÍDIA:
Formidável.

BANQUEIRO:
Pungente.

INDUSTRIAL:
Uma bela cena.

LATIFUNDIÁRIO:
Qual cena?

MAGNATA DA MÍDIA:
Não me lembro.

LATIFUNDIÁRIO:
Senhores, uma pergunta que me ocorre: o que comemoramos esta noite?

Silêncio, pensamento.

BANQUEIRO:
Já sei, é a virada de ano.

INDUSTRIAL:
Feliz 1968.

LATIFUNDIÁRIO:
Acabei de me dar conta de que...

A Esposa do Banqueiro vai para o lado do Latifundiário.

ANFITRIÃ:
Meu criado avisa que o jovem empresário está à porta...

MAGNATA DA MÍDIA:
Feliz 1856...

ANFITRIÃ:
... Que ele fez tudo que vocês pediram...

LATIFUNDIÁRIO:
Feliz 1732...

ANFITRIÃ:
... Mas parece que agora ele está fortemente armado...

MAGNATA DA MÍDIA:
Acabo de me dar conta de que esta...

Esposa do Latifundiário vai para o lado do Magnata da Mídia.

BANQUEIRO:
Feliz 1675...

ANFITRIÃ:
... Está acompanhado de um exército e tem sangue nas mãos.

INDUSTRIAL:
Ok, deixe ele entrar. Mas só depois da sobremesa.

LATIFUNDIÁRIO:
Feliz 1500.

ANFITRIÃ:
Aqui está a sobremesa.

BANQUEIRO:
Está deliciosa.

INDUSTRIAL:
Também é receita de família?

ANFITRIÃ:
Não, essa é minha mesmo. Eu era uma pessoa de grande brilho, cuja presença me enlouqueço. Além de tudo, tenho um senso de humor notável, apesar das manchas no passado. Ou será mamãe? Ou será vovó? Ou serei eu?

BANQUEIRO:
Caríssimos, foi uma jornada de grande alegria, pela qual quero agradecer a to...

Banqueiro se paralisa como estátua. Todos olham sua transformação e suspiram.

LATIFUNDIÁRIO:
Lamentamos muito a partida de nosso ilustríssimo amigo, que se despede depois de uma vida de trabalho apaixonado.

INDUSTRIAL:
As palavras que podemos oferecer neste velório são poucas perto do que ele ofereceu ao país.

MAGNATA DA MÍDIA:
Felizmente, em vez de enterrar seu corpo, encontramos maneira de melhor homenageá-lo.

ANFITRIÃ:
Por isso, seu corpo vivisseccionado estará, de hoje em diante, exposto como estátua em praça pública.

TODOS:
[*menos Banqueiro*] Ahhhhh!

MAGNATA DA MÍDIA:
Nada mais jus... [*vira estátua*]

INDUSTRIAL:
Linda homena... [*vira estátua*]

ANFITRIÃ:
Muito emocionan... [*vira estátua*]

A Esposa olha para as estátuas. Olha para as próprias mãos. Percebe que ainda não virou estátua. Sem ninguém que a possa calar, diante da plateia, canta.

Elegia do insustentável[12]

ESPOSA:
Esta elegia
É uma homenagem

---

12. Música: "Elegia do insustentável", de Adrén Alves, Beto Lemos e Vinicius Calderoni.

A quem sempre esteve
Bem acima
De outros mortais

Fizeram escadas
Degraus de gente
Subiram alto
Sempre avante
Sempre mais

De lá de cima
Expandem impérios
Financiados
Pela miséria
Ao seu redor

Assim mantêm
O insustentável
O intolerável
E eles a salvo
De todo horror

No auge da nota aguda do encerramento da melodia, a Esposa vira estátua. Um painel completo de estátuas enfileiradas. Longo silêncio. Lenta e gradual mudança de luz.

Entram Aline, Lucas, Luiza, Rosa, Felipe e Ana. Agem como um grupo que percorre um museu, olhando com atenção as obras. Detêm-se diante das estátuas.

MUSEU DO FUTURO[13]

ALINE:
E eles eram assim.

Observam cuidadosamente cada estátua, por um tempo, curiosa e silenciosamente. Depois de alguns segundos...

LUCAS:
Acabou!

LUIZA:
Felizmente!

ROSA:
Que sorte!

LUCAS:
Nunca foi sorte: sempre foi Exu — Ennu.

TODOS:
Laroyê áyũ.

FELIPE:
Vinte e um séculos de dominação...

ANA:
E destruição!

---

13. A cena a seguir foi escrita por Ana Carbatti e Luiza Loroza e tem colaboração de Aline Gonçalves, Felipe Frazão, Lucas dos Prazeres e Rosa Peixoto.

LUIZA:
A natureza sempre dá o troco.

ALINE:
Branquitude era o nome dessa cultura.

FELIPE:
Eles tinham esse nome por causa da ausência de melanina?

ROSA:
E de costumes irracionais!

LUCAS:
Tipo paixão por malas com dinheiro vivo...

FELIPE:
Isso! E apropriação cultural, invasão e exploração de terras indígenas...

LUIZA:
Sapatênis, extermínio de outras etnias, varanda gourmet, cervejaria artesanal...

ALINE:
Trezentos e treze anos depois do Grande Ato de Exu — Ennu, tudo o que sobrou dessa cultura foram esses hologramas.

ANA:
O ano 2030 do período Cristozoico foi mesmo um marco.

LUCAS:
Não quero assustar vocês, mas eu acho que tem mais... Aqui à minha direita. E não são hologramas, não!

Olham pela primeira vez para a plateia e se surpreendem. Pausa. Aproximam-se um pouco e observam.

ALINE:
Será que estão vendo a gente? Vocês nos veem?

ROSA:
Vocês nos ouvem?

ANA:
Naquele tempo não ouviam.

FELIPE:
E ainda chamavam a nossa língua de mi-mi-mi...

LUIZA:
Mas eles não estão aqui. Estão nitidamente presos no passado.

ALINE:
Mas isso é o quê? Abriu um portal?

ROSA E LUCAS:
Abriu.

ROSA:
Você acha que estão esperando alguma coisa da gente?

LUIZA:
Ah, não! Nem vem! Nossos ancestrais passaram todo o período Cristozoico ensinando o beabá pra essa gente!

LUCAS:
Não tô entendendo nada... Trezentos anos DEPOIS da Revolução Antirracista?

ALINE:
Eles continuam ali, olhando pra gente...

ROSA:
E a gente faz o quê?

ANA:
Explica pra eles, ué!

Olham-se e decidem juntos. Dirigindo-se à plateia.

FELIPE:
Oi... Tudo bem? Boa noite.

ANA:
Bem-vindes ao futuro!

ALINE:
A Era de Exu — Ennu.

LUCAS:
Podem ficar calmos. Nós sabemos que vocês ainda não se adaptaram a esses tempos.

LUIZA:
[*dirigindo-se aos negros da plateia*] Você, você e você, fiquem tranquilos, a gente se encontra no futuro.

ROSA:
Muito bem: temos aqui um exemplar fêmea do período Cristozoico, datado de 2018. Incapazes de empurrar os carrinhos de seus bebês, fazer a própria comida e limpar a própria latrina.

FELIPE:
E tem relatos históricos de que suas antecessoras precisavam de ajuda para tomar banho, vestir-se ou pentear os cabelos.

ALINE:
Usavam adornos feitos por pessoas submetidas a escravidão. E criaram um movimento chamado "feminista", que não incluiu as demandas das mulheres que as serviam.

LUIZA:
Já aquele ali, o terceiro da direita pra esquerda, é o exemplar macho de 2022. Gostavam de exibir a musculatura, desenvolvida nas academias "Esperta Forma", onde construíam corpos trabalhados em grandes fraudes e catastróficas práticas trabalhistas.

ANA:
Além do insaciável fascínio por armas de fogo, armas nucleares e armas espermatozoicas.

ROSA:
Isso mesmo: o uso do esperma para fins de expansão do projeto de embranquecimento da população.

LUCAS:
Gostavam muito de dizer coisas como: "Vidas humanas importam" ou "Afinal, somos todos humanos".

ANA:

Felizmente, em 2030, a cultura Branquitude desapareceu, dando início a uma nova era, baseada na preservação e no respeito à diversidade cultural.

LUCAS:

Graças a você que pagou indenização aos descendentes de povos escravizados, tanto negros quanto indígenas.

FELIPE:

Graças a você que concretizou a reforma agrária...

LUIZA:

Que devolveu o diamante da coroa real para a África do Sul...

ALINE:

Que devolveu os objetos roubados da República do Benin, Mali, Nigéria, Alasca, Congo, expostos nos museus eurocêntricos...

ROSA:

Que devolveu os objetos roubados das etnias Tariano, Tukano, Dessano, Wanãno, Piratapuia, Kubeo e outras tantas...

ALINE:

Você que elegeu mulheres negras, indígenas e LGBTQIAPN+...

ANA:

Que abriu espaço para TODAS as vozes da sociedade...

LUIZA:
E você que renunciou espaços de poder e liderança que ocupava só por causa do seu privilégio branco.

Pausa.

LUCAS:
Eu tô achando que eles não fizeram nada disso, não...

Pausa. Todos observam o público.

FELIPE:
Se não fizeram, vão ter de fazer. Ou o futuro não existirá.

ALINE:
E que Luzia ajude vocês!

LUIZA:
Só não vamos poder dar o segredo todo mastigadinho pra vocês. [*para os atores de estátuas*] Pode sair, gente. Obrigada.

ANA:
Nós não podemos fazer mais do que já fizemos.

ROSA:
Nós não devemos fazer mais do que já fizemos.

ANA:
Nós não faremos mais do que já fizemos. Porque isto é teatro.

LUCAS:
E esse não é nosso papel.

ROSA:
ISSO É uma cena.

FELIPE:
E uma cena não dá conta de tudo que está acontecendo lá fora.

Todo o elenco desta cena toca e canta a canção a seguir, mesclado entre os demais intérpretes, que também tocam os instrumentos.

Segredos de Ifá[14]

CORO:
O segredo guardado é o fundamento

Dos orixás, das Yamins
Na bússola das Abayomis
No mapa da trança nagô
Na palma batendo paô

O segredo plantado é a minha raiz

Na erva que exala o axé
No galho, na folha e na flor
Macera e extrai o Ejé
A força de um banho de Abô

O segredo cantado é oriqui
Melodia me abre o portal

---

14. Música: "Segredos de Ifá", de Beto Lemos, Lucas dos Prazeres e Rosa Peixoto.

Vem na fresta de um fractal
Hipnótico ao som do tambor
Na escuta das abiãs

Mí'í ne'é níí sãrí
Mí'í né'é níí sãrí
Ã'ãtííkó pe'é
Mí'í ne'é níí sãrí
Dyroá pã-ná-mehó
Níí ko'ó we'e-pü-yã
Mí'í ne'é níí sãrí
Mí'í né'é níí sãrí[15]

Meu segredo é na lava do vulcão

No xéri do rei coroado
Na dança do iniciado
No corpo o destino pintado
Machado revela dois gumes
Gamela com 12 maçãs
Quiabo com amendoim

Queima Fogo Pimenta Amalá
Nos caminhos de Alafiá
Arriou Beguiri e Amalá
Nos caminhos de Alafiá

A canção se encerra. O elenco escuta as palmas. Um Apresentador e uma Apresentadora tomam a palavra.

---

15. Digo a você/ Digo a vocês/ Esse ser pequeno/ Digo a você/ Sou descendente do sangue do/ Trovão em extinção/ Digo a você/ Digo a vocês.

APRESENTADOR:
Sim, muitas palmas, porque começa agora a cobertura desta noite muito especial. Eu sou Marco Menegatti.

APRESENTADORA:
Eu sou Lorena Dellacorte e esse é o Primeiro Prêmio Catástrofe Brasil.

RED CARPET

APRESENTADOR:
Porque o nosso país sempre produziu tragédias em abundância, mas só agora temos uma ocasião para premiar essa tradição que merece todo nosso reconhecimento.

APRESENTADORA:
É uma noite para reafirmar nossa vocação como polo produtor e exportador de desastres, ocupando um lugar de destaque na vanguarda da Indústria Trágica Mundial.

APRESENTADOR:
Antes do início da cerimônia, estamos aqui no *red carpet* para mostrar a vocês a chegada das grandes estrelas ao evento.

APRESENTADORA:
Junto conosco, temos o nosso comentarista de *looks*, sempre com seu olho atento, sempre com sua língua afiada, ele, Carlito Waterloo.

CARLITO WATERLOO:

Um prazer inenarrável, meus *bijous*. Prevejo uma transmissão de muito luxo e babados em série.

APRESENTADOR:

Falou e disse, Carlito. E olha que já temos uma chegada de peso.

APRESENTADORA:

E muito brilho também. Quem chega é o desastre do Césio-137 de Goiânia.

CARLITO:

Vestido só com uma capa de radioatividade brilhante azul e usando como acessório um singelo cordão de isolamento em fita zebrada.

APRESENTADOR:

Lembrando que ele é primo de terceiro grau do acidente de Chernobyl, uma grande estrela internacional.

APRESENTADORA:

Agora a gente acompanha um encontro bem pitoresco entre o Derramamento de Óleo na Baía de Guanabara e a Enchente de Petrópolis de 2022.

APRESENTADOR:

Ele, que é um veterano que deixou marcas profundas que duram até hoje, e ela, uma novata que já chegou arrebentando.

CARLITO:
Queria destacar o entrosamento cromático de padrinho e afilhada, combinando uma paleta mista de tons aquosos com matizes de lama e petróleo.

APRESENTADORA:
À medida que a hora da cerimônia se aproxima, o fluxo de chegadas aqui aumentou muito.

APRESENTADOR:
Temos ali um encontro geracional entre a Ditadura Militar, o Massacre do Carandiru e a Chacina de Vigário Geral.

CARLITO:
Amalgamados numa única túnica verde-oliva com tons intercalados de vermelho vivo.

APRESENTADORA:
Podemos ver ali também a chegada das gêmeas siamesas, a Colonização e a Escravidão, decanas desta noite.

CARLITO:
Vestem um escandaloso manto quilométrico manufaturado de mais de 500 anos.

APRESENTADOR:
Ali também a Presidência da República entre 2019 e 2022, que chega abraçada com a Emergência Sanitária de COVID.

CARLITO:
Usando uma peça arrojada de alta-costura, repleta de máscaras cirúrgicas costuradas, cobrindo todo o corpo, com exceção da boca e do nariz.

APRESENTADORA:
Opa, olha só quem tá chegando.

APRESENTADOR:
É quem eu tô pensando?

APRESENTADORA:
É ele mesmo, o Incêndio do Museu Nacional.

CARLITO:
Ousadíssima essa escolha de traje em chamas.

APRESENTADOR:
Ele está se aproximando.

APRESENTADORA:
Ele está se aproximando bastante.

APRESENTADOR:
Ele está se aproximando perigosamente.

APRESENTADORA:
E não parece estar sob controle.

APRESENTADOR:
Num esforço de reportagem, vejamos se ele tem algo a nos dizer.

Com música, som e fúria, forma-se uma dança do Incêndio do Museu Nacional.

DANÇA DO FOGO

A dança furiosa das labaredas é revivida no corpo dos atores e atrizes, mas é como tudo que esta peça foi até o presente momento, em termos de gestualidade e partituras físicas.

É quase como se o acervo de gestos despendidos para que esta peça se construísse — correspondência possível com o acervo reunido no interior do museu em 200 anos de história — se desfizesse gradualmente frente aos olhos da plateia.

Não é coreografia que se deva conduzir por desejos figurativos, mas por um anseio de materializar corporalmente algum tipo de dissolução.

Quando a coreografia aponta para seu final, há um mesmo procedimento: restam imagens estáticas, vistas como em fotografia ou painéis onde os corpos param em poses congeladas em meio à agonia do fogo. A luz que incide sobre essas imagens vai caindo lentamente, até chegar ao blecaute total, e então reacende imediatamente no instante seguinte com potência total, revelando o elenco em outra imagem de agonia.

O procedimento acontece uma, duas, três, quatro, cinco vezes.

Blecaute.

Ato 3

Após um tempo de silêncio e breu, um delgado foco de luz vai se acendendo num ponto bem específico, deixando o restante do palco completamente apagado. Neste foco, entra o Fogo.

TODOS OS FOGOS O FOGO

FOGO:

Muito prazer, eu sou o Fogo.

Talvez vocês me conheçam em termos míticos, dos tempos em que Prometeu me roubou e, por isso, foi exemplarmente punido.

Possivelmente pensem em mim como elemento da fogueira de Xangô, orixá da justiça, ou em centenas de mitos indígenas que narram minha origem.

Quiçá me encarem em termos mais cotidianos, nas bocas de seu fogão ou na ponta do seu isqueiro.

Talvez me sintam mais como uma palavra que provoca sobressalto, toda vez que alguém diz a palavra que me designa dentro de um transporte público ou de um espaço fechado.

Ou me compreendam mais na seara da linguagem, como alguém que diz "é fogo" diante de um aborrecimento, ou como uma metáfora barata e gasta do desejo sexual incandescente.

Enfim.

Tantos lugares em que eu posso estar — e estou.

E sou sempre eu.

Em todos esses lugares, contextos, ocasiões, sou sempre apenas eu, o Fogo, matriz fragmentada em infinitas franquias.

Tenho a onipotência e a onipresença de um Deus e não quero parecer arrogante, mas foi só através do meu manejo que a humanidade pôde sair das trevas da ignorância.

Todas as associações positivas presentes na ideia de luminosidade, ou mesmo o conceito transcendente de *iluminação*: tudo isso vem de mim.

Podendo passar bilhões de anos apenas listando todos os serviços que tenho prestado nestes bilhões de anos, é sintomático que esteja hoje aqui, diante de cada um de vocês, nesta posição ingrata, daquele que se defende.

Sinal dos tempos.

Porque de todas as funções que sou capaz de ocupar, por alguma razão, sou sempre mais lembrado pelos incêndios de que participo.

Pouco importa o progresso que propiciei: no senso comum resta apenas a potência devastadora, e a humanidade não se dá conta de que o apetite para a destruição é dela, não meu.

Não pensem em mim como um impulso aniquilador com vontade própria. Encarem-me como uma força a serviço do humano.

Aquecer ou destruir são só dois vetores da minha natureza, que é sempre a mesma.

Vocês choraram pelo Museu Nacional, pela Cinemateca Brasileira, pelo edifício Joelma, pela boate Kiss, pela Amazônia e pelo

Pantanal, mas eu estava apenas fazendo o que sei: se encontrar matéria-prima que me espalhe e não houver força que me contenha, eu transformo tudo à minha imagem e semelhança, como o Deus que sou.

Que sempre serei.

Não é uma escolha: é só um processo químico.

A todos que choram o que se perdeu, pessoas, biomas, edifícios, patrimônio cultural, a História com H maiúsculo, eu lamento.

Mas lembrem-se: depois que eu passo, com a destruição, vem também a consciência das estruturas.

Se você entrar agora no edifício do Museu Nacional, olhando os destroços, as cinzas e as vigas retorcidas, vai saber exatamente como ele se constitui, de que matéria é feito.

Se quiser que eu não volte, observe para fazer melhor.

Agora, hoje, aqui: depois que este país inteiro pegou fogo, olhem bem as ruínas e tratem de reconstruí-lo com um material não inflamável.

Se não conseguirem, saibam que eu voltarei, porque maior que meu desejo é minha inexorabilidade.

Espero ter iluminado as compreensões.

Precisava espalhar essas palavras.

A luz que ilumina o palco em sua totalidade vai voltando. A imagem resultante dessa volta é uma completa reconfiguração espacial do espaço cênico visto anteriormente.

A cena está vazia, sem atores, e o ambiente é de ruínas e destroços. Uma grande lona branca desce sobre a imensa pedra suspensa do cenário. Estamos em obras.

Cada intérprete entra pela coxia, dá seu depoimento e inicia uma caminhada circular num trajeto definido, formando uma roda.

— Chega pra alguém e fala que o maior museu de história natural do seu país não tinha água nos hidrantes pros bombeiros apagarem o incêndio e depois me conta o que a pessoa diz.

— Um item que atravessa milhões de anos pra nos contar alguma história sobre a humanidade e então sucumbir, em poucos segundos, durante um incêndio de um edifício abandonado pelo poder público.

— Queimou tudo. Cadernos, anotações, arquivos, artigos, fotografias. Quase 50 anos de pesquisa. Uma vida inteira.

— Registrar, para que o futuro não repita infinitamente o passado. Escrever uma lista de lamentações. Um inventário de perdas.

— O trono do Rei de Daomé.

— A cigarrinha *Cavichiana alpina*.

— O esqueleto do Dinoprata.

— Amostras de carvão que provavam a ocupação humana na Serra da Capivara há 22.000 anos.

— E aquilo que nem se pôde contabilizar.

— Dezoito milhões de itens perdidos no fogo.

— Dezoito milhões de chances de um país melhor.

A enumeração deixa de ser prosa para ir se tornando letra de canção, cantada por um dos atores.

Inventário de perdas[16]

Um singelo amuleto
Papéis de duzentos anos
Legiões de borboletas
E um país bem mais humano

Provas de formas de vida
Línguas de povos extintos
Perde-se a chance pungente
De aprender com os enganos

Queimaram-se tapeçarias
Livros, urnas e bandeiras
Lá se foi a chance de ouro
De sermos de outra maneira

Perdeu-se muito e ainda
Perdem-se chances em série
De olhar para o que fomos
De tocar onde nos fere

De escancarar onde erramos
Não que isso impeça outros erros
Mas se errarmos melhor
Já é bem mais do que temos

E o que restou do incêndio?
Pouco, mas digno de nota
E é através de sua voz
Que o fim da história se conta

---

16. Música: "Inventário de perdas", de Alfredo Del-Penho, Beto Lemos e Vinicius Calderoni.

A canção termina. A roda para. Luzia retorna à cena.

LUZIA:
Restou um amuleto de Sha-Amun-en-su. O afresco de Pompeia. O meteorito de Bendegó, resistente a altas temperaturas. E restei eu. Não me pergunte como. Doze mil anos depois de ter começado a dar aqui o ar de minha graça, eu, Luzia, a primeira brasileira, sobrevivi ao fogo. Parece que, para grande parte dos que vivem nesta terra, a resistência é um pré-requisito básico. Mas a verdade é que eu estou exausta. Cansei de ter de sempre resistir. Queria só existir. Não quero ser Luzia guardiã do tempo. Sou só Luzia guerreira cansada de guerra. [*ela canta*]

Luzias[17]

LUZIA:
Andei pelo mundo
Nos braços do vento
Rompendo portais
Senhora do tempo

OUTRA LUZIA:
Vivo agora
Neste lugar
Nesta história
Neste cantar

---

17. Música: "Luzias", de Beto Lemos.

LUZIA E OUTRA LUZIA:
Na memória
Vou guardar
O que vi
Pra te dar

Depois que Luzia e Outra Luzia terminam o dueto, ainda sobre a base musical, Luzia despe-se de sua túnica (recoberta de fuligem) e veste Outra Luzia. A canção se encerra. Outra Luzia toma a palavra.

EPÍLOGO

OUTRA LUZIA:
Ruína. Mas, se olhar bem, construção.

LUZIA:
Construção. Mas, se olhar bem, ruína.

OUTRA LUZIA:
Uma obra em progresso se parece com um lugar destruído.

LUZIA:
Um lugar destruído se parece com uma obra em progresso.

OUTRA LUZIA:
As ruínas do prédio onde se assinou a primeira e precária independência desta nação servem como convocação.

LUZIA:
Que independência queremos assinar agora?

OUTRA LUZIA:
Que pacto nos contempla?

LUZIA:
Que Museu nos representa?

OUTRA LUZIA:
Brasil, 2022. A história de um museu que se parece com um país e de um país que se parece com um museu, e a fotografia panorâmica de uma nação debaixo de escombros. Mas eu te pergunto: como construir com escombros? Quando construir com escombros? [*pausa*] Vamos construir com escombros?

Blecaute.

Uma voz depois do fogo

Minha relação com o Museu Nacional não começou na minha infância. Eu não ia pequena para a Quinta da Boa Vista com meus pais. Minha relação com o Museu se iniciou no fim da minha graduação, em 1989, 1990. As minhas professoras de Zoologia eram pesquisadoras do Museu, eu me identifiquei com a área e fui procurar estágio lá. Comecei a estagiar no Setor de Crustacea, depois fiz mestrado, sob a orientação do Prof. Paulo Secchin Young, e, embora tenha feito doutorado na USP (Universidade de São Paulo), nunca saí do Museu. Em 2000, fiz concurso para o cargo de professora-adjunta e passei. Então, sou professora da instituição há 23 anos. Em 2018, assumi a vice-direção do Museu Nacional, seis meses antes do incêndio.

Nós não tínhamos uma brigada de incêndio ou um planejamento mínimo da Casa para combater aquela desgraça. Todos que estavam no local agiram para tentar, de alguma forma, diminuir o estrago. Não se conseguiu interromper o fogo, uma vez que os hidrantes estavam sem água e havia muito material inflamável no Palácio. Inicialmente, nós imaginamos que os bombeiros conseguiriam deter o incêndio, mas logo percebemos que não seria possível. Com isso, decidimos entrar em algumas salas.

Uma das primeiras salas na qual conseguimos entrar foi a do Setor de Crustacea, onde eu trabalhava. Com a ajuda de um bombeiro, entramos na sala e formamos uma corrente humana para a retirada de equipamentos ópticos, computadores e parte do material de estudo. Estando lá, ao assistir a tudo aquilo, você acaba participando ativamente. Isso fez toda a diferença para a recuperação desse material e também para a minha sanidade mental.

Acredito que, por esse motivo, minha recuperação frente ao desastre tenha sido mais rápida. Tive um tempo de luto, claro. Perder o Setor de Crustacea foi muito difícil. Ele havia sido criado na década de 1940, tinha uma história riquíssima de literatura especializada e de material científico. Essa sensação de perda de tudo que havia dentro do Palácio ampliou drasticamente a dimensão da perda do nosso patrimônio científico e cultural. Foi um baque muito duro, mas estar lá presencialmente fez com que eu me sentisse útil e me permitiu vivenciar aquele momento.

Para muitas das pessoas que conheço que não puderam estar lá, que apenas viram aquilo na televisão, foi uma situação horrível de impotência. Elas desenvolveram um trauma muito maior, demoraram a entender tudo o que estava acontecendo. Acho que esse distanciamento dificulta muito a assimilação da perda e da tragédia.

Rapidamente o lema do Museu tornou-se "transformar o luto em luta". Já no primeiro mês nós conseguimos reverter muita coisa e nos organizar para levantar a poeira e começar a trabalhar em prol da recuperação do espaço.

A comunidade do Museu tem muito amor por ele. Nós somos UFRJ,[1] mas, antes de sermos UFRJ, nós somos Museu

---

1. Universidade Federal do Rio de Janeiro, instituição à qual pertence o Museu Nacional.

Nacional. É um sentimento muito forte de humanidade e de amor ao Museu. Nós nos unimos, criamos uma série de comitês após o incêndio para tratar de assuntos diversos. Foi contratada uma empresa para a retirada dos escombros, que deu suporte ao grupo de resgate da Casa, responsável pela retirada, catalogação e qualificação das peças remanescentes. Em outra frente, Alexander Kellner, diretor da instituição, e eu saímos em busca de verbas. Tivemos muita ajuda nacional e internacional. Era tudo muito intenso, porque foi uma tragédia de grandes proporções, de repercussão ampla. Além da ajuda financeira, recebemos milhares de mensagens de apoio, desenhos e cartinhas de escolas públicas que frequentavam o espaço.

Quando falamos do passado do Museu, falamos de um museu bicentenário e de uma instituição criada no século XIX. Da criação do Museu, com a vinda da Família Real,[2] até o início do século XX, ele se manteve como a grande referência de instituição científica do Brasil. Pesquisadores brasileiros usaram toda a estrutura do Museu para se promover, fazer pesquisas, trocar informações com pesquisadores da Europa. Nesse sentido, o Museu é um ícone.

Figuras ilustres fizeram parte dessa história. Marie Curie e Albert Einstein visitaram a instituição, o antropólogo Edgard Roquette-Pinto criou o Sistema de Assistência ao Ensino (SAE), a notável Bertha Lutz, que lutou pelo feminismo, fez parte do quadro de funcionários.

Quando o Museu passa para a Universidade, em 1946, seu paradigma começa a mudar. O que é o Museu dentro da Universidade? É um museu universitário? O Museu Nacional é

---

2. O Museu Nacional, então Museu Real, foi criado em 1818 por D. João VI e transferido para o Palácio de São Cristóvão, na Quinta da Boa Vista, em 1892.

muito maior do que um museu universitário. Contudo, estando dentro da Universidade, ele se torna um importante gerador de conhecimento e celeiro de novos cientistas.

O incêndio representou um impacto imenso dentro da instituição. Houve, então, um reposicionamento do Museu para conseguir mais atenção, mais verba de manutenção, para que ele se reerguesse de forma íntegra, sem se manter do jeito que estava. Dessa forma, nessa nova fase, daqui para o futuro, espera-se um museu de excelência, com as normas de incêndio e pânico atualizadas e legalizadas, com o corpo social mais consciente de seu papel em termos de promover ciência, fazer ciência e conectar-se com seu público.

No Museu Nacional, eu me encontrei como profissional, como pesquisadora, e encontrei uma missão de vida. Lá recebi meus ensinamentos e depois pude também passar adiante, como professora, o que aprendi. É um ciclo muito bacana: de receber conhecimento, passar conhecimento, de respeito, de amor.

Assisti à peça *Museu Nacional [Todas as vozes do fogo]* duas vezes. Na segunda, levei meus pais. É uma peça densa e criativa, com muita informação cantada. É uma loucura. E é por isso mesmo que é encantadora. Gostei bastante da discussão sobre o papel da nossa memória, a crítica à falta de memória da nossa sociedade e do poder público. E agora há este livro em cima desse trabalho, algo que vai ficar impresso para as gerações futuras, sobre o momento do fogo do Museu, sobre o que isso representa. Vivemos uma fase crítica de renovação física, mas que também nos leva a questionar o papel do Museu Nacional e quais serão suas novas abordagens. Tudo isso vai entrar no imaginário das pessoas e, quanto mais conseguirmos depurar essas informações e discutir o tema, mais fácil será a perpetuação dessa ideia. De alguma maneira, acho que vamos sair vitoriosos, essa é a parte mais importante diante de tantas derrotas e tantos desafios. Nós não vamos sucumbir, o Museu Nacional vive em todos nós.

Cristiana Silveira Serejo
diretora-adjunta de coleções e ex-vice-diretora do Museu Nacional
Depoimento gravado em 14 de agosto de 2023

Agradecimentos

Este livro está nas suas mãos tão somente pela potência transformadora dos encontros que o viabilizaram. Deixo minha mais profunda gratidão:

À Barca dos Corações Partidos (Adrén Alves, Alfredo Del-Penho, Beto Lemos, Eduardo Rios e Ricca Barros): que privilégio poder partilhar da genialidade e do talento de cada um de vocês, que, juntos, têm escrito uma prolífica história no teatro brasileiro contemporâneo e comemoram, com este projeto, uma década de existência.

A Adassa Martins, Aline Gonçalves, Ana Carbatti, Felipe Frazão, Lucas dos Prazeres, Luiza Loroza e Rosa Peixoto: sete estrelas de brilho singular e intenso, dando alma, carne e substância ao texto, elevando as palavras do papel a uma potência inimaginável (e, no caso de Ana e Luiza, ainda escrevendo uma das cenas do espetáculo, a "Museu do futuro").

Aos criadores da equipe técnica, meus parceiros de jornada, André Breda, André Cortez, Aza Njeri, Fabricio Licursi, Gabriel D'Angelo, Kika Lopes, Letícia Medella, Luísa Valentini, Rocio Moure e Wagner Antônio: meu mais fundo desejo, durante o processo, era chegar a um texto que estivesse à altura do brilho desse time.

À Sarau Agência de Cultura Brasileira, em especial na pessoa da minha imensa e amada companheira Andréa Alves (mas também Leila Maria Moreno, Rafael Lydio e companhia ilimitada), que me dá suporte e incentivo, condições materiais e emocionais, e traz constantemente o chão ao sonho em nosso terceiro projeto juntos (depois de *Elza* e *Sísifo*), no que configura, de certo modo, uma trilogia improvável mas coerente, se vista em retrospecto: uma peça sobre uma pessoa, outra a partir de um mito, outra ainda falando sobre um edifício que é parte de nosso patrimônio histórico.

E, em caráter pessoal e intransferível, meu muito obrigado a Feiga Fiszon, Isabel Diegues e Melina Bial, pela interlocução preciosa e pelo cuidado nesta publicação.

Obrigado a Gustavo Suzuki, Gregorio Duvivier, Pedro Manesco, Rafael Gomes e Victor Mendes, leitores de ouro em momentos de emergência.

A Rita Palmeira, por todas as dicas e pontes.

A José e Regina Calderoni, pelo suporte amoroso.

E sobretudo a Mell, minha guia, minha interlocutora, meu lugar no mundo.

Este texto é dedicado à memória de Aderbal Freire-Filho.

CIP-BRASIL. CATALOGAÇÃO NA PUBLICAÇÃO
SINDICATO NACIONAL DOS EDITORES DE LIVROS, RJ

C152m

Calderoni, Vinicius, 1985-

Calderoni, Vinicius, 1985- Museu Nacional : todas as vozes do fogo / Vinicius Calderoni. - 1. ed. - Rio de Janeiro : Cobogó, 2023.

152 p. ; 19 cm. (Dramaturgia)

ISBN 978-65-5691-129-8

1. Museu Nacional (Brasil). 2. Teatro brasileiro. 3. Teatro musical. I. Título. II. Série.

23-86750   CDD: 869.2
                CDU: 82-2(81)

Gabriela Faray Ferreira Lopes - Bibliotecária - CRB-7/6643

© Editora de Livros Cobogó, 2023

Editora-chefe
Isabel Diegues

Editora
Feiga Fiszon

Gerente de produção
Melina Bial

Assistente de produção
Bento Gonzalez

Revisão final
Eduardo Carneiro

Projeto gráfico de miolo e diagramação
Mari Taboada

Capa
Beto Martins

Nenhuma parte desta obra pode ser reproduzida, adaptada, encenada, registrada em imagem e/ou som, ou transmitida de nenhuma forma ou por nenhum meio, sem a permissão expressa e por escrito da Editora Cobogó.

A opinião do(s) autor(es) deste livro não reflete necessariamente a opinião da Editora Cobogó.

Todos os direitos reservados à
Editora de Livros Cobogó Ltda.
Rua Gen. Dionísio, 53, Humaitá
Rio de Janeiro – RJ – Brasil – 22271-050
www.cobogo.com.br

COLEÇÃO DRAMATURGIA

ALGUÉM ACABA DE MORRER LÁ FORA, de Jô Bilac

NINGUÉM FALOU QUE SERIA FÁCIL, de Felipe Rocha

TRABALHOS DE AMORES QUASE PERDIDOS, de Pedro Brício

NEM UM DIA SE PASSA SEM NOTÍCIAS SUAS, de Daniela Pereira de Carvalho

OS ESTONIANOS, de Julia Spadaccini

PONTO DE FUGA, de Rodrigo Nogueira

POR ELISE, de Grace Passô

MARCHA PARA ZENTURO, de Grace Passô

AMORES SURDOS, de Grace Passô

CONGRESSO INTERNACIONAL DO MEDO, de Grace Passô

IN ON IT | A PRIMEIRA VISTA, de Daniel MacIvor

INCÊNDIOS, de Wajdi Mouawad

CINE MONSTRO, de Daniel MacIvor

CONSELHO DE CLASSE, de Jô Bilac

CARA DE CAVALO, de Pedro Kosovski

GARRAS CURVAS E UM CANTO SEDUTOR, de Daniele Avila Small

OS MAMUTES, de Jô Bilac

INFÂNCIA, TIROS E PLUMAS, de Jô Bilac

NEM MESMO TODO O OCEANO, adaptação de Inez Viana do romance de Alcione Araújo

NÔMADES, de Marcio Abreu e Patrick Pessoa

CARANGUEJO OVERDRIVE, de Pedro Kosovski

BR-TRANS, de Silvero Pereira

KRUM, de Hanoch Levin

MARÉ/PROJETO bRASIL, de Marcio Abreu

AS PALAVRAS E AS COISAS, de Pedro Brício

MATA TEU PAI, de Grace Passô

ÃRRÃ, de Vinicius Calderoni

JANIS, de Diogo Liberano

NÃO NEM NADA, de Vinicius Calderoni

CHORUME, de Vinicius Calderoni

GUANABARA CANIBAL, de Pedro Kosovski

TOM NA FAZENDA, de Michel Marc Bouchard

OS ARQUEÓLOGOS, de Vinicius Calderoni

ESCUTA!, de Francisco Ohana

ROSE, de Cecilia Ripoll

O ENIGMA DO BOM DIA, de Olga Almeida

A ÚLTIMA PEÇA, de Inez Viana

BURAQUINHOS OU O VENTO É INIMIGO DO PICUMÃ, de Jhonny Salaberg

PASSARINHO, de Ana Kutner

INSETOS, de Jô Bilac

A TROPA, de Gustavo Pinheiro

A GARAGEM, de Felipe Haiut

SILÊNCIO.DOC,
de Marcelo Varzea

PRETO, de Grace Passô,
Marcio Abreu e Nadja Naira

MARTA, ROSA E JOÃO,
de Malu Galli

MATO CHEIO, de Carcaça
de Poéticas Negras

YELLOW BASTARD,
de Diogo Liberano

SINFONIA SONHO,
de Diogo Liberano

SÓ PERCEBO QUE ESTOU
CORRENDO QUANDO VEJO QUE
ESTOU CAINDO, de Lane Lopes

SAIA, de Marcéli Torquato

DESCULPE O TRANSTORNO,
de Jonatan Magella

TUKANKÁTON + O TERCEIRO
SINAL, de Otávio Frias Filho

SUELEN NARA IAN,
de Luisa Arraes

SÍSIFO, de Gregorio Duvivier
e Vinicius Calderoni

HOJE NÃO SAIO DAQUI,
de Cia Marginal e Jô Bilac

PARTO PAVILHÃO,
de Jhonny Salaberg

A MULHER ARRASTADA,
de Diones Camargo

CÉREBRO_CORAÇÃO,
de Mariana Lima

O DEBATE, de Guel Arraes
e Jorge Furtado

BICHOS DANÇANTES, de Alex Neoral

A ÁRVORE, de Silvia Gomez

CÃO GELADO,
de Filipe Isensee

PRA ONDE QUER QUE EU
VÁ SERÁ EXÍLIO,
de Suzana Velasco

DAS DORES,
de Marcos Bassini

VOZES FEMININAS — NÃO EU,
PASSOS, CADÊNCIA,
de Samuel Beckett

PLAY BECKETT — UMA PANTOMIMA
E TRÊS DRAMATÍCULOS (ATO SEM
PALAVRAS II | COMÉDIA/PLAY |
CATÁSTROFE | IMPROVISO DE OHIO),
de Samuel Beckett

MACACOS — MONÓLOGO
EM 9 EPISÓDIOS E I ATO,
de Clayton Nascimento

A LISTA, de Gustavo Pinheiro

SEM PALAVRAS, de Marcio Abreu

CRUCIAL DOIS UM,
de Paulo Scott

KING KONG FRAN,
de Rafaela Azevedo e Pedro Brício

COLEÇÃO DRAMATURGIA ESPANHOLA

A PAZ PERPÉTUA, de Juan Mayorga | Tradução Aderbal Freire-Filho

ATRA BÍLIS, de Laila Ripoll | Tradução Hugo Rodas

CACHORRO MORTO NA LAVANDERIA: OS FORTES, de Angélica Liddell | Tradução Beatriz Sayad

CLIFF (PRECIPÍCIO), de José Alberto Conejero | Tradução Fernando Yamamoto

DENTRO DA TERRA, de Paco Bezerra | Tradução Roberto Alvim

MÜNCHAUSEN, de Lucía Vilanova | Tradução Pedro Brício

NN12, de Gracia Morales | Tradução Gilberto Gawronski

O PRINCÍPIO DE ARQUIMEDES, de Josep Maria Miró i Coromina | Tradução Luís Artur Nunes

OS CORPOS PERDIDOS, de José Manuel Mora | Tradução Cibele Forjaz

APRÈS MOI, LE DÉLUGE (DEPOIS DE MIM, O DILÚVIO), de Lluïsa Cunillé | Tradução Marcio Meirelles

COLEÇÃO DRAMATURGIA FRANCESA

É A VIDA, de Mohamed El Khatib | Tradução Gabriel F.

FIZ BEM?, de Pauline Sales | Tradução Pedro Kosovski

ONDE E QUANDO NÓS MORREMOS, de Riad Gahmi | Tradução Grupo Carmin

PULVERIZADOS, de Alexandra Badea | Tradução Marcio Abreu

EU CARREGUEI MEU PAI SOBRE MEUS OMBROS, de Fabrice Melquiot | Tradução Alexandre Dal Farra

HOMENS QUE CAEM, de Marion Aubert | Tradução Renato Forin Jr.

PUNHOS, de Pauline Peyrade | Tradução Grace Passô

QUEIMADURAS, de Hubert Colas | Tradução Jezebel De Carli

COLEÇÃO DRAMATURGIA HOLANDESA

EU NÃO VOU FAZER MEDEIA, de Magne van den Berg | Tradução Jonathan Andrade

RESSACA DE PALAVRAS, de Frank Siera | Tradução Cris Larin

PLANETA TUDO, de Esther Gerritsen | Tradução Ivam Cabral e Rodolfo García Vázquez

NO CANAL À ESQUERDA, de Alex van Warmerdam | Tradução Giovana Soar

A NAÇÃO — UMA PEÇA EM SEIS EPISÓDIOS, de Eric de Vroedt | Tradução Newton Moreno

2023

———————

1ª impressão

Este livro foi composto em Calluna.
Impresso pela BMF Gráfica e Editora,
sobre papel Pólen Bold 70g/m².